古典文獻研究輯刊

三六編

潘美月・杜潔祥 主編

第 13 冊

群書校補（三編）
——三餘讀書雜記（續）（第十一冊）

蕭 旭 著

國家圖書館出版品預行編目資料

群書校補（三編）——三餘讀書雜記（續）（第十一冊）／蕭
旭 著 -- 初版 -- 新北市：花木蘭文化事業有限公司，2023〔
民 112 〕
目 4+158 面；19×26 公分
（古典文獻研究輯刊 三六編；第 13 冊）
ISBN 978-626-344-271-9（精裝）
1.CST：古籍 2.CST：研究考訂
011.08　　　　　　　　　　　　　　　111022051

ISBN-978-626-344-271-9

古典文獻研究輯刊
三六編　第十三冊　　　　　　　ISBN：978-626-344-271-9

群書校補（三編）
——三餘讀書雜記（續）（第十一冊）

作　　者　蕭旭
主　　編　潘美月、杜潔祥
總 編 輯　杜潔祥
副總編輯　楊嘉樂
編輯主任　許郁翎
編　　輯　張雅淋、潘玟靜　美術編輯　陳逸婷
出　　版　花木蘭文化事業有限公司
發 行 人　高小娟
聯絡地址　235 新北市中和區中安街七二號十三樓
　　　　　電話：02-2923-1455／傳真：02-2923-1452
網　　址　http://www.huamulan.tw 信箱 service@huamulans.com
印　　刷　普羅文化出版廣告事業
初　　版　2023 年 3 月
定　　價　三六編 52 冊（精裝）新台幣 140,000 元　　版權所有 · 請勿翻印

群書校補（三編）
——三餘讀書雜記（續）（第十一冊）

蕭旭 著

第十一冊

三餘讀書雜記（續）

《尚書》解故（二則）

（1）帝曰：「棄！黎民阻饑，汝后稷，播時百穀。」（《舜典》）

孔傳：阻，難。播，布也。眾人之難在於饑，汝后稷布種是百穀以濟之。

按：《釋文》引王肅說同孔傳，孔穎達疏亦用其說。《詩·思文》鄭玄箋引此文，《釋文》：「馬融注《尚書》作『祖』，云：『始也。』」孔疏引鄭玄注：「阻讀曰俎，阻，厄也。」段玉裁取鄭說，謂壁中古文作「俎」，鄭注當作「俎讀曰阻，阻，厄也」〔註1〕，崔適、王先謙、焦循、金景芳等從段說〔註2〕。朱駿聲、曾運乾、屈萬里亦從鄭說〔註3〕。《史記·五帝本紀》、《周本紀》並作「黎民始饑」，《五帝本紀》《集解》引徐廣曰：「今文《尚書》作『祖饑』。〔故此作『始饑』。〕〔註4〕祖，始也。」《索隱》：「古文作『阻饑』。孔氏以為『阻，難也』。祖、阻聲相近，未知誰得。」《漢書·食貨志》作「黎民祖

〔註1〕 段玉裁《古文尚書撰異》卷1，收入《四部要籍注疏叢刊》，中華書局1998年版，第1811～1812頁。陳鱣謂元刻本注正作「俎讀曰阻」。陳鱣《經籍跋文·元本〈毛詩注疏〉跋》，收入《續修四庫全書》第923冊，上海古籍出版社2002年版，第661頁。

〔註2〕 崔適《史記探源》卷2，中華書局1986年版，第28～29頁。王先謙《尚書孔傳參正》卷2，收入《四部要籍注疏叢刊》，第2572頁。焦循《里堂道聽錄》卷30，廣陵書社2016年版，第1052頁。金景芳、呂紹綱《〈尚書·虞夏書〉新解》，遼寧古籍出版社1996年版，第161頁。

〔註3〕 朱駿聲《尚書古注便讀》卷1，收入《四庫未收書輯刊》第6輯第2冊，北京出版社2000年版，第10頁。曾運乾《尚書正讀》，中華書局1964年版，第24頁。屈萬里《尚書今注今譯》，收入《屈萬里全集》，上海辭書出版社2015年版，第20頁。

〔註4〕 「故此作始饑」五字據《周本紀》《集解》引補。

饑」，顏師古注引孟康曰：「祖，始也。古文言『阻』。」惠棟曰：「古文『祖』字皆作『且』……古文又以『阻』為『且』。王肅曰：『阻，難也。』馬融曰：『祖，始也。』二說並通，今文近之。」〔註5〕惠氏以今文作「祖」訓始為近之。江聲亦謂二說並通〔註6〕。劉逢祿、王闓運則馬、鄭二說並存〔註7〕，無所去取。阮元、桂馥、吳汝綸取馬融說祖訓始〔註8〕，戴震、錢繹取孟康說〔註9〕。吳闓生曰：「阻，始也。」〔註10〕說同其父。俞樾曰：「阻、祖皆且之叚字。且，薦也。薦，重也。」〔註11〕楊筠如、吳國泰從俞說〔註12〕。程希嵐等襲取俞說，更曰：「『俎』與『荐』通。」〔註13〕牟庭謂「祖」、「阻」並讀為且，云：「且，將也。」〔註14〕于省吾說同牟氏〔註15〕，高本漢從于說〔註16〕。顧頡剛、劉起釪從《史記》訓「始」，指出于省吾說「去原來文意似遠」〔註17〕。章太炎曰：「黎民俎（從敦煌所得《釋文》本）飢。《五帝本紀》作『黎民始飢』，此同馬本，俎作祖，故馬亦云『始也』，《周頌》《正義》引《書》『黎氏俎飢』，注云：『俎讀曰阻。阻，尼也。』」（十行本如此）段氏

〔註5〕 惠棟《尚書古義上》，《九經古義》卷3，收入《叢書集成初編》第254冊，中華書局1985年影印，第30～31頁。

〔註6〕 江聲《尚書集注音疏》卷1，收入《四部要籍注疏叢刊》，第1512頁。

〔註7〕 劉逢祿《尚書今古文集解》卷1，收入《清經解續編》卷322，第2冊，上海書店1988年版，第335頁。王闓運《尚書箋》，收入《續修四庫全書》第51冊，第289頁。

〔註8〕 阮元《釋「且」》，《揅經室集一集》卷1，收入《續修四庫全書》第1478冊，上海古籍出版社2002年版，第536頁。桂馥《說文解字義證》，齊魯書社1987年版，第11頁。吳汝綸《尚書故》，收入《續修四庫全書》第50冊，第538頁。

〔註9〕 戴震《方言疏證》卷13，收入《戴震全集（5）》，清華大學出版社1997年版，第2471頁。錢繹《方言箋疏》卷13，上海古籍出版社1984年版，第760頁。

〔註10〕 吳闓生《尚書大義》卷1，《四存月刊》第1期，1921年版，第5頁。

〔註11〕 俞樾《群經平議》卷3，收入王先謙《清經解續編》卷1364，第5冊，第1038頁。俞說又見《古書疑義舉例》卷7，中華書局1956年版，第145頁。

〔註12〕 楊筠如《尚書覈詁》，陝西人民出版社1959年版，第25頁。吳國泰《史記解詁》第1冊，成都居易簃叢著本，1933年版，本冊第14頁。

〔註13〕 程希嵐主編《古代漢語》，吉林人民出版社1984年版，第592～593頁。

〔註14〕 牟庭《同文尚書》卷1，齊魯書社1981年版，第117頁。

〔註15〕 于省吾《尚書新證》，收入《雙劍誃群經新證》，上海書店1999年版，第65頁。

〔註16〕 高本漢《書經注釋》（陳舜政譯），中華叢書編審委員會1970年版，第133頁。下引同。

〔註17〕 顧頡剛、劉起釪《尚書校釋譯論》，中華書局2005年版，第222～223頁。

《撰異》云：『蓋壁中故書作俎，故鄭云「俎讀曰阻」。古且與俎音同義同，孔壁與伏壁當是皆本作且。伏讀且為祖，訓始；孔安國本則或通以今字作俎。』案段氏此說所見甚卓，且、祖古今字也。故安國、史遷、馬氏皆以古今字通之，而讀曰祖。且、俎古亦一字也，故鄭氏作俎，而改讀為阻。究之『始飢』之義不甚妥帖，讀阻亦非經旨。尋《說文》：『且，薦也。』『薦』正當作『荐』。且飢、俎飢，正即《春秋傳》所謂『荐饑』，《詩》所謂『饑饉薦臻』耳。在穀曰饑，在民曰飢，其實無異也。《漢・食貨志》『黎民祖飢』，正作『饑』。俞先生《平議》已知『祖』即『且』字，訓當為薦，然未錄作俎之本，今為補正，義始明塙。」〔註18〕司馬遷、馬融、孟康、徐廣、惠棟本於《爾雅》訓始，于省吾訓將，文義皆不安。孔傳、王肅訓難，鄭玄、段玉裁訓厄，亦不允洽。俞樾、章太炎訓薦（荐），又轉訓重，亦不當。「且」訓薦，後出字作「俎」，是進獻義，不得轉訓重，俞氏偷換了概念，高本漢有平議，其說是也。《列女傳》卷1、《國語・周語下》韋昭注引作「阻」，敦煌寫卷BD14681作「阻」〔註19〕，用古文《尚書》。敦煌寫卷P.3315《尚書釋文》作「俎」字，云：「本又作『阻』，王云：『難也。』馬本作『徂』，云：『始也。』」〔註20〕《書鈔》卷51引作「徂」。惠棟、段玉裁等謂古文本作「且」，甚確，王鳴盛說同〔註21〕。且，讀為胥。《易・夬》：「其行次且。」又《易・姤》同。次且，上博楚簡（三）皆作「緀疋」，馬王堆帛書皆作「郪胥」，皆即《詩・有客》「有萋有且」之「萋且」。《詩經》篇名《關雎》，上博簡（一）《詩論》「雎」作「疋」。《詩・蜉蝣》「衣裳楚楚」，《說文》「黼」字條引作「黼黼」。《博物志》卷2「疋彌山」，《御覽》卷987引「疋」作「且」。《爾雅》：「胥，皆也。」《方言》卷7：「胥，皆也，東齊曰胥。」「胥」雙聲音轉又作「斯」，亦盡也，皆也。黎民且饑，言黎民皆饑也。此義後世有沿用者，《晏子春秋・諫上》：「天不雨久矣，民且有饑色。」《御覽》卷879引「且」作「皆」。《後漢書・馬廖傳》：「長安語曰：『城中好廣眉，四方且半額；城中好大袖，四方全匹

〔註18〕 章太炎《古文尚書拾遺定本》，《制言》第25期，1936年版，本文第8頁。又收入《章太炎全集》第2輯，上海人民出版社2015年版，第269頁。其說又略見《文始》卷5，收入《章太炎全集》（七），上海人民出版社1999年版，第302頁。

〔註19〕《中國國家圖書館藏敦煌遺書》第131冊，北京圖書館出版社2010年版，第354頁。

〔註20〕《法藏敦煌西域文獻》第23冊，上海古籍出版社2002年版，第171頁。

〔註21〕 王鳴盛《尚書後案》卷1，北京大學出版社2012年版，第44～45頁。

帛。』」且、全互文，且猶皆也。《意林》卷 4 引《風俗通》：「趙王好大眉，人間皆半額；齊王好廣領，國人皆沒項。」《抱朴子外篇・譏惑》：「所謂『京輦貴大眉，遠方皆半額』也。」正作「皆」字。《御覽》卷 495 引謝承《後漢書》作「畫半額」，「畫」必是「盡」形譌。

（2）禹曰：「洪水滔天，浩浩懷山襄陵，下民昏墊。」（《益稷》）

孔傳：言天下民昏瞀墊溺，皆困水災。

按：孔疏：「下民昏惑沈溺，皆困水災。瞀者眩惑之意，故言昏瞀。墊是下濕之名，故為溺也。」又引鄭玄曰：「昏，没也。墊，陷也。」《玉篇》：「墊，都念切。《虞書》曰：『下民昏墊。』言天下民昏瞀墊溺，皆困水災。或作藝。」本於孔傳。王念孫申鄭說，云：「昏之言泯，没也。」〔註22〕王鳴盛申鄭說，云：「《說文》『昏，日冥。墊，下也。』日冥有没義。下有陷義也。」〔註23〕孫星衍申鄭說，云：「史遷說為『下民皆服於水』，『昏』字依《史記》疑當為『皆』，形相近。以墊為服於水者，《廣雅》：『墊，伏藏也。』李善注《文選》陸士衡詩云：『伏與服古字通。』是伏於水謂陷於水也。以昏為没者，《釋詁》云：『泯，盡也。』《詩》疏引李巡云：『没之盡也。』『昏』與『湣』聲相近。墊為陷者，《方言》云：『墊，下也。』《論語集解》引孔安國注云：『墊，陷下也。』」〔註24〕池田四郎次郎、宋永培從孫星衍說〔註25〕，金景芳等、吳澤順闇襲孫說〔註26〕，而無說明。徐灝、楊筠如亦讀昏為泯〔註27〕，當即本於王念孫、孫星衍二氏。王念孫《廣雅疏證》從鄭說，江聲、劉逢祿、王闓

〔註22〕王念孫說轉引自王引之《經義述聞》卷 19，江蘇古籍出版社 1985 年版，第 462 頁。

〔註23〕王鳴盛《尚書後案》卷 1，北京大學出版社 2012 年版，第 64 頁。

〔註24〕孫星衍《尚書今古文注疏》卷 2，中華書局 1986 年版，第 89～90 頁。

〔註25〕池田四郎次郎《史記補注》上編，日本明德出版社 1972 年版，第 51 頁。宋永培《從〈說文〉詞義系統論證「拯溺」、「瀕附」等義的本源及其聯繫》，《漢語史研究集刊》第 1 輯下冊，1998 年版，第 602 頁；又題作《〈說文解字〉字系研究》，《中國文字研究》第 1 輯，廣西教育出版社 1999 年版，第 218 頁；又收入《〈說文〉與訓詁研究論集》，商務印書館 2013 年版，第 165 頁。

〔註26〕金景芳、呂紹綱《〈尚書・虞夏書〉新解》，遼寧古籍出版社 1996 年版，第 232 頁。吳澤順《〈史記〉引書異文釋例》，收入《無學齋文存》，嶽麓書社 1999 年版，第 350 頁。

〔註27〕徐灝《通介堂經說》卷 9，收入《續修四庫全書》第 177 冊，第 88 頁。楊筠如《尚書覈詁》，陝西人民出版社 1959 年版，第 38 頁。

運、席世昌、桂馥、王筠、朱駿聲、錢繹、王先慎、曾運乾同〔註28〕。朱駿聲又曰：「昏，殙也，病也。墊，陷也。」高本漢從朱說〔註29〕。徐鍇、段玉裁皆引此文以證《說文》「墊，下也」之說〔註30〕。牟庭曰：「《夏本紀》作『下民皆服於水』，此用真孔古文，訓『昏墊』為『服於水』也。《釋詁》曰：『昏，強也。』《盤庚》鄭注曰：『昏讀曰敯。敯，勉也。』《方言》曰：『墊，下也。』然則真孔古文必謂下民巢居窟處，勉勞於墊下之地，是為服習於水也。鄭及偽孔皆因就三家今文說，非矣。」〔註31〕周尚木曰：「《史》文以『皆服』二字代《尚書》之『昏墊』，義不可解。當為『昏歿』二字之誤也。《玉篇》『歿，古文沒字。』沒，溺也。『墊』《傳》亦訓溺，是『昏歿』即『昏墊』也。」〔註32〕吳汝綸曰：「『昏』與『泯』通，借《爾雅》：『泯，盡也。』盡、皆同義。」〔註33〕吳闓生曰：「昏，泯也。泯，盡也。墊，伏也。《史記》：『下民皆服於水。』」〔註34〕吳國泰曰：「謂人民匍服于水中也。」〔註35〕于省吾曰：「『墊』乃『埶』之譌，今作『蓺』作『藝』……『昏藝』之藝當讀作溺。下民昏墊者，下民昏沒沈溺也。」〔註36〕史大豐等讀墊為湛，說「昏墊」即《毛公鼎》「圂湛」，亦即「昏沉」〔註37〕。①孫星衍改「昏」為「皆」，周尚

〔註28〕王念孫《廣雅疏證》，收入徐復主編《廣雅詁林》，江蘇古籍出版社1992年版，第301頁。江聲《尚書集注音疏》卷2，收入《四部要籍注疏叢刊》，第1522頁。劉逢祿《尚書今古文集解》卷1，收入《清經解續編》卷323，第2冊，上海書店1988年版，第338頁。王闓運《尚書箋》，收入《續修四庫全書》第51冊，第296頁。席世昌《席氏讀說文記》，桂馥《說文解字義證》，王筠《說文解字句讀》，朱駿聲《說文通訓定聲》，並收入丁福保《說文解字詁林》，中華書局1988年版，第13241頁。錢繹《方言箋疏》卷6，上海古籍出版社1984年版，第380頁。王先慎說轉引自王先謙《釋名疏證補》卷1，中華書局2008年版，第26頁。曾運乾《尚書正讀》，中華書局1964年版，第36頁。

〔註29〕朱駿聲《尚書古注便讀》卷1，收入《四庫未收書輯刊》第6輯第2冊，第14頁。高本漢《書經注釋》（陳舜政譯），第178～179頁。

〔註30〕徐鍇《說文解字繫傳》，段玉裁《說文解字注》，並收入丁福保《說文解字詁林》，第13241頁。

〔註31〕牟庭《同文尚書》卷2，齊魯書社1981年版，第185頁。

〔註32〕周尚木《史記識誤》，收入《二十四史訂補》第1冊，第464頁。

〔註33〕吳汝綸《尚書故》，收入《續修四庫全書》第50冊，第547頁。

〔註34〕吳闓生《尚書大義》卷1，《四存月刊》第1期，1921年版，第9頁。

〔註35〕吳國泰《史記解詁》第1冊，成都居易簃叢著本，1933年版，本冊第21頁。

〔註36〕于省吾《尚書新證》，收入《雙劍誃群經新證》，上海書店1999年版，第66頁。

〔註37〕史大豐、王寧《釋清華簡〈攝命〉從宀咸聲之字》，《中國文字研究》第30輯，2019年版，第75～76頁。

木改作「昏殁」，于省吾改「墊」為「埶」，皆毫無根據。皮錫瑞駁孫說云：「蔡邕《和熹鄧后謚議》曰：『故自昏墊，以迄康乂。』亦作『昏』，不作『皆』，似未可從孫說。」〔註38〕《後漢書・崔駰傳》《達旨》：「人有昏墊之戹，主有疇咨之憂。」《初學記》卷2魏・繆襲《喜霽賦》：「忍下民之昏墊兮，棄嘉谷于中田。」《治要》卷48引吳・陸景《典語》：「昔帝堯之末，洪水有滔天之災，烝民有昏墊之憂。」皆「昏墊」二字不誤之證。②昏，讀為惛，字亦作殙，指心智惛惑。《說文》：「惛，不憭也。」又「殙，瞀也。」二字音義全同。西晉永安元年《元欽墓誌》：「原漯淄流，民用惛墊。」正作「惛」字。孔傳「昏瞀」不誤。泯訓盡，不得轉為副詞「皆」，吳汝綸說誤。③墊，讀為慹，恐懼慴服義。《說文》：「慹，悑也。」《玉篇》：「慹，怖也。」從執之字多有下義，「慹」指心之下服，故為恐懼義〔註39〕。《山海經・中山經》：「（首山）其陰有谷，曰机谷，多䰠鳥，其狀如梟而三目，有耳，其音如錄（鹿），食之已墊。」王崇慶曰：「墊，昏墊也。」〔註40〕朱駿聲曰：「墊，叚借為慹。按：怖畏也。」〔註41〕王、朱說是。字亦音轉作慴、慴、攝、慴、讋〔註42〕，《說文》：「慴，失氣也，一曰服也。」又「慴，心服也。」《玄應音義》卷9：「慴，古文慹，或作讋、慴二形，同，占涉反。」黃侃曰：「『慴』同『慴』、『慴』、『慹』。」又「『慴』同『慹』、『慴』、『慴』，同『讋』。」〔註43〕《史記・律書》：「諸侯慴服。」《漢書・朱博傳》：「以是豪強慹服。」又《陳萬年傳》：「豪彊執服。」顏師古曰：「執，讀曰慹。」又《陳湯傳》：「萬夷慴伏。」《白氏六帖事類集》卷4引魏武帝《內戒令》：「百鍊（鍊）利器以辟不祥，攝服姦宄者也。」《御覽》卷345引同，《書鈔》卷123引作「攝伏」，《初學記》卷22引作「慴服」。「伏」同「服」，皆同義連文，《漢書・魏相傳》「豪彊畏服」，「畏服」是其誼也。王念孫曰：「《說文》：『慴，服也。』《秦策》云：『趙

〔註38〕皮錫瑞《今文尚書考證》卷2，中華書局1989年版，第104頁。
〔註39〕參見蕭旭《〈說文〉「虆」、「蔜」二字疏證》，《黃侃誕辰130週年學術研討會論文集》，武漢大學2016年10月22～23日。
〔註40〕王崇慶《山海經釋義》，收入《山海經穆天子傳集成》第1冊，上海交通大學出版社2009年版，第230頁。
〔註41〕朱駿聲《說文通訓定聲》，武漢市古籍書店1983年版，第113頁。
〔註42〕《老子》第50章：「蓋聞善攝生者。」《韓子・解老》引同，馬王堆帛書甲、乙本「攝」作「執」，是其證也。
〔註43〕黃侃《說文同文》，收入《說文箋識》，中華書局2006年版，第51、75頁。

楚儳服。』《史記・項羽紀》：『諸將皆慴服。』《漢書》作『讋服』，《陳咸傳》作『執服』，《朱博傳》作『慹服』，並字異而義同。」〔註44〕《史記・夏本紀》：「鴻水滔天，浩浩懷山襄陵，下民皆服於水。」司馬遷改寫作「服於水」，正是讀墊為慹，訓慹為服。《書・堯典》：「湯湯洪水方割（害），蕩蕩懷山襄陵，浩浩滔天，下民其咨。」《史記・五帝本紀》、《夏本紀》「咨」並作「憂」。「憂」與「懼」義相因，這是《尚書》的內證。孫星衍、吳闓生解作「伏藏於水」，牟庭解作「服習於水」，吳國泰解作「匍服於水中」，非是。王先謙引皮錫瑞說，謂「不必改『昬』為『皆』」，是也；又引鄭玄注，解作「伏於水」〔註45〕，則誤。顧頡剛、劉起釪引《逸周書・諡法解》「服，敗也」說之〔註46〕，亦誤。治《史記》者，於「服」字皆無說。「昏」謂神智不清，與「墊」訓恐懼，其義相因。

〔註44〕王念孫《廣雅疏證》，收入徐復主編《廣雅詁林》，第437頁。
〔註45〕王先謙《尚書孔傳參正》卷5，收入《四部要籍注疏叢刊》，第2588頁。
〔註46〕顧頡剛、劉起釪《尚書校釋譯論》，中華書局2005年版，第435頁。

甲骨文、金文「𢓇」字考釋

1. 甲骨文、金文中有個常見字「𢓇」，尚無定說。甲骨文的用例廣瀨勳雄曾有搜集[註1]，學者的討論意見大多從金文《墻盤》用例生發，其文例是：《集成》16.10175《史墻盤》：「方蠻（蠻）亡不𢓇見。」[註2]《集成》10.5412.3《二祀𠨘其卣》：「既𢓇於上下帝。」各家說云：

吳大澂、林義光、馬敘倫並說是古「伐」字[註3]。李學勤讀𢓇為果，侍也[註4]。戴家祥讀𢓇為娸，亦訓侍也。徐中舒說「𢓇，甲骨文、金文皆作跽而雙手舉戈上獻之形，當為『獻』之本字」。于豪亮謂歌元對轉，讀𢓇為獻。劉宗漢申證讀作「獻」之說。唐蘭讀𢓇作揚。于省吾讀𢓇作踝，訓作踵，解作「接踵來見」。裘錫圭謂「𢓇」可作「戒」字用，讀為恆，急也，解作「急來朝見」[註5]。

〔註1〕廣瀨勳雄《說俞玉戈銘文中的「才林田俞𢓇」句》，《出土文獻與古文字研究》第6輯，上海古籍出版社2015年版，第453頁。

〔註2〕裘錫圭《甲骨文中的「見」與「視」》認為「見」當釋為「視」，收入《裘錫圭學術文集》卷1，復旦大學出版社2012年版，第447頁。

〔註3〕諸說並見周法高主編《金文詁林》，香港中文大學1974年版，第1605～1606頁。

〔註4〕李學勤《論史墻盤及其意義》，《考古學報》1978年第2期，第153頁。李說又見《殷商至周初的𢓇與𢓇臣》，《殷都學刊》2008年第3期，第14頁；又收入《通向文明之路》，商務印書館2010年版，第172頁。

〔註5〕戴家祥《金文大字典》，徐中舒《西周墻盤銘文箋釋》，唐蘭《略論西周微史家族窖藏銅器群的重要意義——陝西扶風新出牆盤銘文解釋》，于省吾《墻盤銘文十二解》，裘錫圭《史墻盤銘解釋》，並轉引自《古文字詁林》第3冊，上海教育出版社2001年版，第366～388頁。于豪亮《墻盤銘文考釋》，《古文字研究》第7輯，中華書局1982年版，第95頁。劉宗漢《說「𢓇見」——「𢓇」類字研究之一》，《古文字研究》第19輯，中華書局1992年版，第544～549頁。戴家祥說又見《牆盤銘文通釋》，《上海師範大學學報》1979年第2期；

洪家義讀𧆑為夥，解作「絡繹不絕地來朝見」〔註6〕。劉楚堂改釋「𧆑見」作「戒曜」〔註7〕。馬承源讀𧆑為謁〔註8〕。劉士莪等認為「𧆑」即「娥」，訓作投降〔註9〕。陳漢平讀𧆑為攲（敂、叩、扣），訓擊〔註10〕。葉正渤疑「𧆑」是「跽」字之初文〔註11〕。王進鋒在徐中舒說基础上，改說「𧆑」是「貢」本字〔註12〕。

麻愛民曰：「諸說之中，以《說文》為據者，不確。《墻盤》的寫法，象人跪跽之形已不顯，手舉戈之形也訛變為左戈右𢀫之形，與小篆寫法極近……此𢀫形與普通的人形不同，其突出的是腿部的彎曲和手部的伸展，恰如跪跽舉戈以獻，故當釋『獻』。《說文》：『𧆑，讀若跠。』跠、獻古音極近，此當是存『獻』之古音。」〔註13〕《墻盤》作「𧆑」形，麻愛民居然就能看出其字形古人是表示「腿部的彎曲和手部的伸展，恰如跪跽舉戈以獻」，亦是一奇，我不信也。

2. 近出的清華簡也有此字，清華簡（五）《封許之命》：「柬（簡）膌（乂）四方不𧆑。」又引起新的討論，各家說云：

（1）整理者曰：簡，《爾雅》：「大也。」膌（或作「朔」），金文多用為「辥」，而以「𦦠」、「辭」讀為「乂」，此處「膌」即讀「乂」，《爾雅》：「治也。」𧆑，《說文》讀若跠，此處讀為果，《孟子·盡心下》趙注：「侍也。」《史墻盤》：「方蠻無不𧆑見。」侍見有朝見之意〔註14〕。

（2）蘇建洲曰：述盤（《新收》757）銘云：「天子其萬年無疆，耆黃耇，保奠周邦，諫𦦠（乂）四方。」其中「諫𦦠（乂）四方」與簡文「柬（簡）膌（乂）四方」相合。李學勤注釋指出：「諫讀為簡，大也。𦦠即乂，乂為

又收入《戴家祥學術文集》，上海人民出版社 2012 年版，第 290 頁。

〔註6〕洪家義《墻盤銘文考釋》，《南京大學學報》1978 年第 1 期，第 94～95 頁。

〔註7〕劉楚堂《墻盤新釋》，《殷都學刊》1985 年第 2 期，第 21 頁。

〔註8〕馬承源《商周青銅器銘文選》第 3 冊，文物出版社 1988 年版，第 156 頁。

〔註9〕劉士莪、尹盛平《墻盤銘文考釋》，收入尹盛平主編《西周微氏家族青銅器群研究》，文物出版社 1992 年版，第 52 頁。

〔註10〕陳漢平《金文編訂補》，中國社會科學出版社 1993 年版，第 354～357 頁。

〔註11〕葉正渤《西周標準器銘文疏證（二）》，《中國文字研究》2008 年第 2 輯，第 66 頁。

〔註12〕王進鋒《𧆑字、𧆑國與𧆑臣》，《湖南大學學報》2014 年 2 期，第 94～96 頁。

〔註13〕麻愛民《墻盤銘文集釋與考證》，東北師範大學 2002 年碩士學位論文，第 47～48 頁。麻愛民《墻盤補釋》，《考古與文物》2003 年第 6 期，第 82 頁。

〔註14〕李學勤主編《清華大學藏戰國竹簡（五）》，中西書局 2015 年版，第 120 頁。此篇整理者是李學勤。

治。」〔註15〕對於「𢼸」，有學者分析為從卂戈聲，如王進鋒讀為「貢」。謝明文、廣瀬勲雄在徐先生認為「𢼸」是「獻」的本字的基礎上，結合「羲（祼）」字的用法，將從戈聲的「𢼸」讀為「獻」〔註16〕。一說「𢼸」是「降」的本字，陳劍在此基礎上讀為「貢」〔註17〕。但是金文文例對這些不朝貢、不廷的國家所採取的行動從未見是「乂」，蔣玉斌曾有歸納〔註18〕……《述盤》銘文既有「諫（簡）辭（乂）四方」，又有「方狄（逖）不享」，彼此動詞的使用並不混淆，也可見簡文「簡乂四方不𢼸」確實奇怪。筆者目前傾向簡文可能是誤抄，「不𢼸」實為衍字。不過真實情況究竟如何，還有待繼續研究〔註19〕。

（3）黃傑曰：「𢼸」字讀為「獻」也能講通。「柬（簡）乂四方不𢼸」即治理四方不肯獻納、不服順的邦國。整理報告將「柬（簡）」解釋為大，似不準確。「柬（簡）」意為理，與「乂」義近連用〔註20〕。

（4）王寧曰：「𢼸」前人或釋「埶」、「伐」、「踝」等〔註21〕，恐均不確。此字像人捧戈格鬥形，即格鬥之「格」的會意本字，或者說是格鬥之「格」比較早的寫法，亦即《說文》之「挌」，云：「枝挌也。」《二祀邲其卣》「既𢼸於上下帝」、《史墻盤》「方蠻無不𢼸見」，及本文「簡乂四方不𢼸」，應都是用為「來格」之「格」，「不𢼸（格）」即不來。《說文》中雖收「𢼸」字，然典籍中無用之者，蓋均以「格」為之〔註22〕。

（5）劉洪濤曰：「不𢼸」大家都往「不廷」方向考慮，是把它當作賓語，我倒認為很可能是補語。如是，則應讀為「不券（倦）」。古書恒見此類語，如

〔註15〕原注：李學勤《眉縣楊家村新出青銅器研究》，《文物》2003 年第 6 期，第 66～67 頁。

〔註16〕原注：謝明文《試說商代古文字中的「爯」》（未刊稿）。廣瀬勲雄《說俞玉戈銘文中的「才林田俞𢼸」句》，《出土文獻與古文字研究》第 6 輯，第 442～459 頁。引者按：于豪亮早讀𢼸為獻，引見上文。

〔註17〕原注：見上引廣瀬勲雄文章。

〔註18〕原注：蔣玉斌《釋西周春秋金文中的「討」》，《古文字研究》第 29 輯，第 274～281 頁。

〔註19〕蘇建洲《〈封許之命〉研讀札記（一）》，復旦古文字網 2015 年 4 月 18 日。

〔註20〕蘇建洲《〈封許之命〉研讀札記（一）》文下評論，復旦古文字網 2015 年 4 月 19 日。

〔註21〕原注：參周法高主編《金文詁林》引諸家說，香港中文大學 1974 年版，第 1605～1606 頁。

〔註22〕王寧《讀〈封許之命〉散札》，復旦古文字網 2015 年 4 月 28 日。

「不惰」、「匪懈」等〔註23〕。

　　（6）子居曰：整理者所說「𢧺」字，原字作「」，實從戈從𠬞從女，筆者以為當即「𡙻」字，《說文》：「𡙻，至也。從女執聲。《周書》曰：『大命不𡙻。』讀若摯同。一曰《虞書》『雉𡙻』。」而《說文》的「𢧺」字，吳世昌在《說文形義商兌》中即言：「疑此本『執』字，象執戈之形。」〔註24〕故「𢧺」似即「執」字的異體，「四方不𡙻」也即「四方不至」。同樣，整理者所引《史牆盤》銘文似也當讀為「方蠻無不至見」，《乖伯簋》即有「唯九年九月甲寅，王命益公征眉敖，益公告至，二月眉敖至見」句〔註25〕。

　　（7）白于藍曰：若將《史牆盤》和《封許之命》之該字替換為「賓」字⋯⋯以「賓」字解之，兩句話均文從字順，並無不通難解之處⋯⋯甲骨金文以及楚簡之字很可能就是「賓服」之「賓」字，與《說文》之「𢧺」的確不是一字。《說文》之「𢧺」是一個從𠬞戈聲的形聲字⋯⋯可以用來會「賓服」之義〔註26〕。

　　對以上諸說略作平議：王寧說「𢧺」是「格」異體字，無據；且說即「𢧤」，尤誤。《說文》「𢧤」訓作「枝𢧤」，也作「枝格」、「支格」，本是樹枝之義〔註27〕，引申指樹枝狀之物〔註28〕，轉作動詞，則是交錯、抵觸等義〔註29〕，與「格鬥」無涉。「格鬥」字本作「挌」、「𢼬」，《說文》：「挌，擊也。」《廣雅》：「𢼬，擊也。」「來格」字本作「佫」，是「假」音轉字，《說文》：「假，至也。」字亦作「徦」，不煩舉證。王君混三義為一字，誤矣。黃傑說「柬（簡）」與「又」義近連用，是也，但他解作「理」，則不知其所據，殆亦臆說耳。柬、諫，並讀為安，同屬元部，聲則分屬見母、影母，上古喉、牙音

〔註23〕劉洪濤《讀〈清華大學藏戰國竹簡〉第五冊散札》，《出土文獻》第12輯，中西書局2018年版，第140頁。其說最早以「lht」名義發佈，《清華簡五〈封許之命〉初讀》，簡帛網2015年4月29日

〔註24〕原注：《羅音室學術論著》第4卷，社會科學文獻出版社1998年版，第605頁。

〔註25〕子居《清華簡〈封許之命〉解析》，清華大學出土文獻網站2015年7月16日。

〔註26〕白于藍《釋「𢧺」》，《語言科學》2018年第4期，第413～416頁。

〔註27〕尹灣漢簡《神鳥賦》：「高樹綸棍，支格相連。」《文選·上林賦》：「夭蟜枝格，偃蹇杪顛。」《釋名》：「朓，枝也，似水（木）之枝格也。」庾信《小園賦》：「草樹溷淆，枝格相交。」是其例也。

〔註28〕《淮南子·說林篇》：「枝格之屬，有時而弛。」《史記·律書》：「角者，言萬物皆有枝格如角也。」《釋名》：「戟，格也，旁有枝格也。」是其例也。

〔註29〕《說文》：「嬉，好枝格人語也。」是其例也。

不分，旁紐雙聲。乂亦安定、治理之義，故為近義連文。孟蓬生說「柬䏃」即金文之「諫辪」，與《書・盤庚下》「亂越我家」之「亂越」音轉，「亂」、「越」皆治理義，同義複詞〔註 30〕。張富海說「諫」是「諫」形譌，讀為敕，訓作治理〔註 31〕。各備一說。劉洪濤指出「䴡」肯定不是「貢（贛）」字〔註 32〕，可取。

3. 考《說文》：「執，捕罪人也，從丮從㚔，㚔亦聲。」又「丮，持也，象手有所丮據也。」又「㚔，所以驚人也，讀若籋。」林志強曰：「『㚔』本義指拘禁罪人之刑具。《說文》云『所以驚人也』，意指使人驚懼之物件（刑具），所解正是本義。」〔註 33〕「㚔」讀若籋，即取籋鉗為義，是刑具名。「執」隸變作「執」，「執（執）」是會意兼形聲字，是手持刑具拘捕罪人義。「丮」是執持義本字，「執」是拘執罪人義之分別字。《說文》：「䴡，擊踝也，從丮從戈，讀若踝。」「執」、「䴡」同源，「䴡」當亦是會意兼形聲字，是手持兵戈之義。朱駿聲指出「戈亦聲」，葉德輝指出「䴡當兼戈聲」，是也，戈、果古音同〔註 34〕，故音轉讀若踝。今本《說文》脫「戈亦聲」三字，比例「執」字說解「㚔亦聲」可知也。《繫傳》指出「䴡」是會意字；段玉裁、王筠、嚴可均、姚文田、鈕樹玉、苗夔並謂當作「從丮戈聲」〔註 35〕，張舜徽從段玉裁說〔註 36〕，則視作形聲字，其說皆不完善。

「䴡」本義是執戈，引申之，則有進貢、朝獻、降服、服侍、侍衛等義。陳劍指出甲骨卜辭中「䴡」有獻納義，舉《甲骨文合集》29783「其䴡戈一緝九」，並指出甲骨文「㦱」是「䴡」異體字〔註 37〕。「㦱」當是「㦸」省形字，

〔註 30〕孟蓬生《〈尚書・盤庚〉「亂越」新證》，《語文研究》2017 年第 3 期，第 22～28 頁。

〔註 31〕張富海《「敕」字補說》，《文字、文獻與文明——第七屆出土文獻青年學者論壇暨國際學術研討會論文集》，中山大學 2018 年 8 月 17～20 日，第 59 頁。

〔註 32〕劉洪濤《讀〈清華大學藏戰國竹簡〉第五冊散札》，《出土文獻》第 12 輯，中西書局 2018 年版，第 139 頁。

〔註 33〕林志強《說「㚔」》，《古文字研究》第 24 輯，中華書局 2002 年版，第 147 頁。

〔註 34〕《集韻》「剮」或作「划」，是其比。

〔註 35〕朱駿聲《說文通訓定聲》，葉德輝《說文讀若考》，段玉裁《說文解字注》，王筠《說文解字句讀》，嚴可均、姚文田《說文校議》，鈕樹玉《說文解字校錄》，苗夔《說文聲訂》，並收入丁福保《說文解字詁林》，中華書局 1988 年版，第 3414 頁。

〔註 36〕張舜徽《說文解字約注》，華中師範大學出版社 2009 年版，第 689 頁。

〔註 37〕陳劍《說殷墟甲骨文中的「玉戚」》，《中研院歷史語言研究所集刊》第 78 本第 2 分，2007 年版。

清華簡「嫛」又「妭」之增旁字，從「女」表臣服義。吳世昌說「妭」像執戈之形，本來甚確，但非「執」字異體。徐中舒說「妭」像舉戈上獻之形，本亦甚確，但不是「獻」本字，亦不得說是「貢」本字（三字古音雖近，但取義各自不同）。「妭戈」之妭用其引申義進獻耳。《史墻盤》「方蠻亡不妭見」、《二祀卲其卣》「既妭於上下帝」、清華簡《封許之命》「秉胳（乂）四方不嫛」皆朝獻義。《集成》11.6015《麥方尊》有「妭臣」一詞，猶言執戈之臣、侍衛之臣，郭沫若讀妭為踝，解作「踝跣之臣」〔註38〕，非是。《韓子・喻老》：「句踐入宦于吳，身執干戈為吳王洗馬。」《淮南子・道應篇》：「（句踐）親執戈為吳兵（王）先馬走。」〔註39〕此是句踐執干戈臣服吳王而為之侍衛的明證。《甲骨文合集》2788「帚妭」即「婦妭」，作女人名，當取女侍為義。《說文》未收「妭」字，有「妭」，解云：「婦官也。」王襄曰：「妭，古妭字。」〔註40〕其說當是，「妭」是「妭」形譌，訓婦官，亦當取女侍為義。《說文》：「媒，妭也。一曰：女侍曰媒。讀若騧，或若委。從女果聲。孟軻曰：『舜為天子，二女媒。』」今本《孟子・盡心下》作「果」，趙岐注：「果，侍也……以堯二女自侍。」「果」是「媒」省借字〔註41〕，古音戈、果、咼同〔註42〕，「媒」是「妭（嫛）」改易聲符用作女侍的專字，故此義讀若騧〔註43〕。孫奭《正義》：「木實曰果，云果

〔註38〕郭沫若《兩周金文圖錄及考釋（三）》（增訂本），臺灣大通書局1971年版，第41頁。

〔註39〕王念孫校「兵」為「王」，又謂「走」字衍文，皆是也，參見《淮南子雜志》，收入《讀書雜志》卷14，中國書店1985年版，本卷第10頁。

〔註40〕轉引自于省吾主編《甲骨文字詁林》，中華書局1999年版，第511頁。

〔註41〕參見丁福保《說文解字詁林》引諸家說，第12135～12138頁。其中有臧琳《經義雜記》說（引者按：見卷7），焦循從之。王鳴盛、趙佑、陳鱣、宋翔鳳說亦同。焦循《孟子正義》卷28，中華書局1987年版，第968頁。王鳴盛《蛾術編》卷8，收入《嘉定王鳴盛全集》第7冊，中華書局2010年版，第194頁。趙佑《四書溫故錄・孟子四》，收入《續修四庫全書》第166冊，上海古籍出版社2002年版，第628頁。陳鱣《簡莊疏記》卷15，收入《續修四庫全書》第1157冊，第283頁。宋翔鳳《孟子趙注補正》卷6，收入《叢書集成續編》第37冊，新文豐出版公司1988年印行，第438頁。

〔註42〕《釋名》：「戈，過也，所刺擣則決過，所鉤引則制之弗得過也。」《易》「大過」、「小過」，《釋文》引王肅云：「過，音戈。」P.2011《切韻》「鍋」或作「划」，《集韻》「鍋」或作「錢」，此戈、咼音同之證。古音果、咼相通，則不煩舉證。

〔註43〕「妭也」當連篆讀作「媒妭也」，「媒妭」是「婀娜」轉語（參看段玉裁等說），身弱好貌，此義讀若委，是另一音義，此字當是「婀（娿）」異體。

者，取其實而言也。」梁玉繩曰：「疑『果』字是瓚祼之義。」〔註44〕馬敘倫謂「果」訓侍是「卑（婢）」譌字〔註45〕，三氏說皆非是。復引申之，則用作侍衛之臣的職名或爵名〔註46〕。

4. 金文中「玞」與「虬」相類，干、戈一也，其字當從干得聲。《集成》6.3712《鳳作且癸毀》：「玞賜鳥玉，用作祖癸彝毀。」〔註47〕「玞」亦當是職名或爵名，言以鳥玉賜玞。金文中有字作「玒」〔註48〕，亦是會意兼形聲字，指手持土塊以獻，其字當從土得聲。《左傳·僖公二十三年》：「（晉公子重耳）出於五鹿，乞食於野人，野人與之塊。公子怒，欲鞭之。子犯曰：『天賜也。』稽首受而載之。」杜預注：「得土，有國之祥，故以為天賜。」《國語·晉語四》：「（文公）過五鹿，乞食於野人，野人舉塊以與之。公子怒，將鞭之。子犯曰：『天賜也，民以土服，又何求焉？』」韋昭注：「塊，墣也。」「玒」即執土塊以獻的會意字。金文中又有字作「珏」、「戠」、「埶」〔註49〕，也當是會意兼形聲字，玉、章（璋）、圭（珪）皆玉製禮器（上尖下方之玉曰圭、珪，半珪曰璋），三字指執禮器朝獻而臣服也，其字當分別從玉、章、圭得聲。《戰國策·韓策三》：「申不害與昭釐侯執圭而見梁君，非好卑而惡尊也。」《水經注·渠水》引《竹書紀年》：「梁惠成王十七年，鄭釐侯來朝中陽。」此即執圭以朝之明證。《國語·吳語》：「越滅吳，上征上國，宋、鄭、魯、衛、陳、蔡執玉之君皆入朝。」韋昭注：「玉，圭璧也。」《左傳·哀公七年》：「禹合諸侯于塗山，執玉帛者萬國。」《管子·小匡》：「執玉以

〔註44〕 梁玉繩《瞥記》卷2，清嘉慶刻清白士集本。

〔註45〕 馬敘倫《說文解字六書疏證》卷24，上海書店1985年版，本卷第37頁。

〔註46〕 參見李學勤《殷商至周初的虬與虬臣》，《殷都學刊》2008年第3期，第13～14頁；又收入《通向文明之路》，商務印書館2010年版，第172～173頁。

〔註47〕 釋文據張亞初《殷周金文集成引得》，中華書局2001年版，第459、726頁。《殷周金文集成釋文》卷3釋作「揚」，香港中文大學中國文化研究所2001年版，第141頁。圖版字形作「𩏑」，當釋作「玞」。

〔註48〕 文例見張亞初《殷周金文集成引得》，第459頁。

〔註49〕 三字文例見張亞初《殷周金文集成引得》，第459頁。其中「珏」字張氏錄作「玒」，從「壬」，括注作「挺」，茲從容庚錄作「珏」；張氏又括注「戠」作「挂」，皆非是。董蓮池引陳劍說「戠」即《說文》「贛」字，像兩手奉章（璋）形，表示賜與或貢獻義。「贛」從貝竷省聲，「竷」本訓歌舞，字所從之章據《說文》乃樂章之章，非玉器之章（璋）。如果也是玉器之章（璋），則陳劍說可存。容庚《金文編》，中華書局1985年版，第180頁。董蓮池《新金文編》，作家出版社2011年版，第320頁。陳劍說見《釋西周金文的「贛（贛）」字》，收入《甲骨金文考釋論集》，線裝書局2007年版，第8～19頁。

見，請為關內之侯。」皆其例。諸字義皆同，惟所執者或干戈、或土塊、或玉器不同耳。金文中「揚」字或作「🔲（𣃚）」，又繁化或作「🔲」、「🔲」，皆會手持太陽和寶玉飛舉義；「🔲」又或省去「日」作「🔲」形〔註50〕，則與隸定作「玥」的「🔲」同形。「🔲」字左側「🔲」字，當是「易」省書，「易」從日從一從勿會意開展義（《說文》：「易，開也，一曰飛揚。」），「勿」是旌旗得風開展貌〔註51〕。《榮仲方鼎》「玥庸」，李學勤從容庚說讀為「揚」，馮時在李學勤說基礎上讀「揚」為「璋」〔註52〕。余謂「玥」本指執玉以獻，作名詞用，則指所執之玉。

　　5. 要之，金文中從廾之字多是會意字或會意兼形聲字。金文中「藝」異體字作「🔲」，會手執樹木種植於土。金文中「🔲」是會意兼形聲字，會手持食物，從才得聲。㪔、𢼠、廾、玥、玥、𢼠、𢼠、𣃚，都是會意兼形聲字，其本義即是會意以手執持某物。

　　　　　本文曾承王志平教授審讀過，並提出修改意見，謹致謝忱！

〔註50〕 容庚《金文編》，中華書局 1985 年版，第 778～779 頁。

〔註51〕 參見丁福保《說文解字詁林》引諸家說，第 9413 頁。

〔註52〕 李學勤《試論新發現的🔲方鼎和榮仲方鼎》，《文物》2005 年第 9 期，第 64 頁。
　　　　馮時《坂方鼎、榮仲方鼎及相關問題》，《考古》2006 年第 8 期，第 70 頁。

清華簡（六）連綿詞例釋

　　清華簡（六）收錄《鄭武夫人規孺子》、《管仲》、《鄭文公問太伯（甲、乙）》、《子儀》、《子產》五篇文獻〔註1〕，本文舉其中的四則連綿詞作考釋。疊字連綿詞本文不作討論。

（1）自衛與鄭，若卑耳而𣉻（謀）（《鄭武夫人規孺子》）

　　整理者曰：與，猶助也。卑，猶近也。（P106）

　　按：「耳」非「耳朵」之「耳」。「卑耳」亦作「辟耳」、「辟咡」〔註2〕，乃「俾倪」、「睥睨」轉語，疊韻連綿詞，猶言傾頭〔註3〕。《國語·齊語》：「縣車束馬，踰大行與辟耳之谿。」《管子·封禪》、《史記·封禪書》、《漢書·郊祀志》並作「卑耳之山」。《史記集解》引韋昭曰：「『卑耳』即《齊語》所謂『辟耳』。」《禮記·曲禮上》：「負劍辟咡詔之。」鄭玄注：「辟咡詔之，謂傾頭與語。口旁曰咡。」又《少儀》：「有問焉，則辟咡而對。」卑之言頗也，《說文》：「頗，傾首也。」《玄應音義》卷8引作「傾頭也」。耳之言睨（睍）也，《說文》：「睨，衺視也。」又「睍，旁視也。」二字音義皆同，引申則為傾側義。字亦作倪，

〔註1〕　李學勤主編《清華大學藏戰國竹簡（陸）》，中西書局2016年版。

〔註2〕　此文作於2016年，我說「卑耳」亦作「辟耳」、「辟咡」等意見發佈於復旦古文字網2016年4月16日天䜌《釋〈清華六·管仲〉的「塵」》一文第1樓評論。後見侯瑞華亦讀「卑耳」為「辟咡」。侯瑞華《讀〈鄭武夫人規孺子〉札記二則》，《第八屆出土文獻研究與比較文字學全國博士生學術論壇論文集》，西南大學2018年11月2～5日，第21～22頁。

〔註3〕　參見蕭旭《「俾倪」考》，收入《群書校補（續）》，花木蘭文化出版社2014年版，第2226～2233頁。

《爾雅》：「龜左倪不類，右倪不若。」《釋文》：「倪，本作睨。」郭璞注：「左倪，行頭左庳，今江東所謂左食者。右倪，行頭右庳，為右食。」卑耳而謀，言傾頭而相與謀也。北大漢簡（四）《妄稽》簡70：「尚（上）堂扶服，卑耳戶樞，以聽其能（態），而不敢大息。」「耳」字原誤釋為「身」，從單育辰改釋，單氏又讀「卑耳」為「比耳」〔註4〕。「卑耳」亦此義。

（2）孺子亦毋以埶（蓺）豎卑御，勤力弅（价）馭（馭），娓（媚）妢之臣躬（躬）共（恭）其顏色、盦（掩）於其考（巧）語，以亂大夫之正（政）（《鄭武夫人規孺子》）

整理者曰：弅，讀為价，甲也。一說「弅」為「射」字異體，指射手。盦，「鹽」本字，讀為掩，猶蔽。（P106～107）

按：「顏色」、「巧語」的主語是上文所說的幾種近臣，而不是指孺子鄭莊公。「盦於」與「躬恭」對文，「於」非介詞。「盦於」是雙聲聯綿詞，讀為「謻與」〔註5〕，又音轉作「阿與」。《方言》卷6：「誣，謻與也。吳越曰誣，荊齊曰謻與，猶秦晉言阿與〔註6〕。」郭璞注：「相阿與者〔註7〕，所以致誣謻。」戴震曰：「《廣雅》：『貸、誣、謻、授、施、遺，予也。』後卷10內『或謂之謻』注云：『言誣謻也。』合之此注，皆以『誣謻』連稱。據正文，『謻與』猶『阿與』，『謻』、『阿』乃一聲之轉。與，讀若譽。《說文》：『誣，加也。』《集韻》：『謻，謗也。』凡無實而虛加皆為誣，《表記》：『受祿不誣。』鄭注云：『不信曰誣。』此正『阿與』之義。郭璞言『相阿與者，所以致誣謻』，又轉一義矣。」〔註8〕「阿與」是「謻與」雙聲音轉。《方言》卷10：「嘽咛、謰謱，挐也……挐，揚州會稽之語也，或謂之惹，或謂之謻。」郭璞注：「惹，

<hr />

〔註4〕 「ee」說，《北大漢簡〈妄稽〉初讀》，簡帛網2016年6月17日。「ee」即單育辰。

〔註5〕 古音「於」、「與」相轉，無煩舉證。上博簡（五）《鮑叔牙與隰朋之諫》簡5：「盦然將芫（芒）。」季旭昇讀盦為奄。季旭昇《上博五芻議（上）》，簡帛網2006年2月18日。

〔註6〕 《玉篇殘卷》「誣」字條引「阿」形誤作「何」，「謻」字條引誤同，又脫「荊」字，誤重「謻」字。

〔註7〕 《玉篇殘卷》「謻」字條引「阿與」誤作「阿為」，又「誣」字條引誤作「何為」。

〔註8〕 戴震《方言疏證》卷6，收入《戴震全書》第3冊，黃山書社1994年版，第103～104頁。

言情惹也。諵，言誣諵也〔註9〕。」是「諵」義同「惹」，為言語紛挐牽引而欺誣之義，字亦作婩，《玉篇殘卷》「諵」字條指出「《說文》為『婩』，在《女部》」。P.2011 王仁昫《刊謬補缺切韻》：「諵，匿，亦作婩。」《說文》：「婩，誣挐（挐）也。」〔註10〕複言則作「諵與」、「阿與」。「於」、「與」是「諵」雙聲音轉字〔註11〕，戴震說「與讀若譽」，非是。又音轉作「婩婗」、「婩阿」，《說文》：「婗，婩婗也。」《集韻》：「婗，《說文》：『陰（婩）婗也〔註12〕。』謂婩婗不決。」P.2011 王仁昫《刊謬補缺切韻》：「婗，婩婗不決。婩字烏含反。」P.3906《碎金》：「相婩婗：菴，烏哥反。」P.2508、S.6204《碎金》同。P.2717《碎金》：「相婩婗：烏合反，烏哥反。」S.619V《碎金》：「相婩阿：菴。」胡吉宣曰：「『婩』與『婩』當同。『婩婗』雙聲連語，與『諵與』、秦晉言『阿與』，皆一語之轉。」〔註13〕「婩」是「婩」異體字，「婗」是「阿」增旁字。「婩婗（阿）」是「婩婩」雙聲變音的複合詞。《說文》：「婩，女有心婩婩也。」蔣斧印本《唐韻殘卷》、《玉篇》、《廣韻》、《集韻》並承其說。「婩婩」即「婩婗（阿）」，狀言語紛挐牽引而不決之貌。段玉裁、桂馥、王筠、錢坫於「婩婩」無說，朱駿聲曰：「眉語目成之意。」〔註14〕張舜徽從朱說，又云：「婩之言厭也，謂心安於是也。『婩婩』猶『厭厭』耳。」〔註15〕二氏說非是。字亦作「婩婀」、「諵阿」，《集韻》：「諵，諵阿，語不決，或作諵，通作婩。」《子華子・晏子問黨》：「婩婀脂韋者日至於君之前。」宋・范純仁《論富弼入相久謝病不出》：「何必偲勉婩阿，自為卷縮？」音轉又作「阿邑」、「阿匼」，《漢書・酷吏傳》：「張湯以知阿邑人主，與俱上下。」《新唐書・蕭復傳》：「或諂諛阿匼。」方以智曰：「『阿匼』即『阿邑』。」〔註16〕王念孫曰：

〔註9〕《玉篇殘卷》「諵」字條引「誣」作「輕」，形之誤也。

〔註10〕P.2011 王仁昫《刊謬補缺切韻》同，《集韻》引《說文》「挐」作「挐」，與《方言》合。

〔註11〕《史記・楚世家》「商於」，馬王堆帛書《戰國縱橫家書》作「商閣」。

〔註12〕「陰」當作「婩」，同「婩」。趙振鐸徑校「陰」作「婩」。趙振鐸《集韻校本》，上海辭書出版社 2012 年版，上冊第 414 頁，下冊第 266 頁。

〔註13〕胡吉宣《玉篇校釋》，上海古籍出版社 1989 年版，第 598 頁。

〔註14〕段玉裁《說文解字注》，桂馥《說文解字義證》，王筠《說文解字句讀》，錢坫《說文解字斠詮》，朱駿聲《說文通訓定聲》，並收入丁福保《說文解字詁林》，中華書局 1988 年版，第 12161 頁。

〔註15〕張舜徽《說文解字約注》，華中師範大學出版社 2009 年版，第 3064 頁。

〔註16〕方以智《通雅》卷7，收入《方以智全書》第 1 冊，上海古籍出版社 1988 年

「『阿邑』雙聲，字或作『阿匼（烏合反）』。」〔註17〕

（3）歌曰：「裎＝（遲遲）可（兮），鴼＝（委委）可（兮），徒儈所遊又步里謰譅也。」（《子儀》）

整理者曰：「裎」很可能是「褆」的異體字，簡文讀為遲。遲遲，《詩・七月》毛傳：「舒緩也。」鴼，讀為委。委委，《詩・君子偕老》孔疏引孫炎曰：「行之美。」（P131～132）

按：子居曰：「鴼讀為委。委委，《詩・君子偕老》孔穎達疏引孫炎曰：『行之美。』『遲遲兮委委』即《詩・羔羊》的『委蛇委蛇』，『委蛇』在文獻中又作『逶迤』、『倭遲』、『委虵』等，可參看《容齋隨筆》卷9。儈，疑當讀為介。《荀子・大略》：『諸侯相見，卿為介。』徒介，即指受歌的隨會。『步』應釋為『止』。遊訓行。里，讀為悝，訓為憂。謰譅，當即『譅謰』的倒讀，即言語不清，現在所謂支吾。『或止悝謰譅也』即或許能止住（我）憂傷說不清的狀況。」〔註18〕簡5至「里謰」止，疑與簡6起首「譅也」二字不連屬，中間有缺簡〔註19〕。所謂「步」字，圖版作「■」，即「走」，整理者釋「步」不誤。徒、獨一聲之轉，猶但也，止也。所謂「儈」字，圖版作「■」，隸定有爭議。余疑「■」乃「徐」字，同「徐」，徐緩也。這裏有二個連綿詞：①子居說「裎裎鴼鴼」即「委蛇」是也。「鴼」是雙聲符字，「它」、「為」皆歌部字，都表音；「鴼」音「佗」，亦音「過」、「委」。簡文當讀作「裎裎兮，鴼鴼兮」，是連綿詞「倭夷」、「威夷」、「委移」、「威遲」、「倭遲」的分言疊詞形式，這個連綿詞變音又轉作「委它」、「委佗」、「委蛇」、「蜲蛇」、「逶迤」、「踒跎」、「遒池」、「遺蛇」、「委隨」、「婑媠」等形，形容遊行舒緩不迫、舉止安詳貌。戰國末期歌韻與支韻漸漸分音，故「佗」音轉作「夷」、「遲」、「移」。②「又」讀如字。「里謰」是雙聲連語，乃「離婁」、「離嶁」、「離摟」、「離樓」音轉，來母雙聲，之、歌旁轉；「離婁」亦音轉作「連謰」、「謰謱」、「連縷」、「連邐」、「連嶁」、「嗹嘍」、「縺縷」，來母雙聲，歌、元陰陽對轉；又音轉作「嘲哷」；「連謰」是古楚語，連續不絕貌。簡文「里謰」指行步連續不絕，與「裎裎

版，第 280 頁。

〔註17〕王念孫《漢書雜志》，收入《讀書雜志》卷6，中國書店1985年版，本卷第91頁。

〔註18〕子居《清華簡〈子儀〉解析》，中國先秦史論壇2016年5月11日。

〔註19〕「ee」已疑有缺簡，《清華六〈子儀〉初讀》，簡帛網2016年5月5日。

「鵵鵵」（即「倭夷」）相應。

（4）臺上又（有）兔，柊（檪）枳（枝）堂（當）櫚（楯），妃（竢）
客而謪（翰）之（《子儀》）

按：蘇建洲曰：「櫚，整理者隸作『柊』，此字的偏旁又見於《子產》20
『善君必窋昔前善王之法律』，此二字偏旁同為『𠬪』，可能就是《說文》的
『𠬪』，古文字『廾』、『又』做為表意偏旁常可互作。《說文》：『𠬪，持弩拊。
從廾、肉。讀若逯。』『櫚』當讀為『膠』。《說文》：『膠，下句曰膠。』簡
文『膠枝』，是向下彎曲的樹枝。櫚，字形作『櫚』。鄔可晶根據《說文》『㮚，
讀若書卷之卷』，認為此字可讀為『棬』，甚至不排除此字就是『棬』的異體
的可能。『棬』是用屈木作成的飲器，正與『膠枝』相合。至於『窋』，鄔先
生讀為『究』，『頯』從『𠬪』聲。《周易》夬卦『壯于頄』之『頄』，《釋文》
引鄭作『頯』，馬王堆帛書本亦作『頯』。此是『𠬪』通『九』聲之證。上述
二說皆可從。」〔註20〕「櫚」字右旁從肉從又，都是聲符，讀為枸（句）。
「枳」當讀作椇（梮），不讀作枝，不是指樹枝。「柊枳」即「枸枳」，雙聲連
語，是「枳枸」倒言，卷曲貌，字亦作「椇枳」、「檵橇」、「枳椇」等形。《說
文》：「椇，多小意而止也。」又「枳，椇枳。」《繫傳》：「椇枳，詘曲不伸之
意也。椇枳之果，其狀詰屈，亦取此為名。按《本草》：『枳椇（椇）樹徑尺，
葉似桑柘，子作房，似珊瑚，核在其耑（端），人噉之即椇枳也。』」〔註21〕
段玉裁曰：「《廣韻》『椇』、『枳』皆訓曲枝果。按『椇枳』，字或作『枳椇』，
或作『枳枸』，或作『枳句』，或作『枝拘』，皆上字在十六部，下字在四部，
皆詰詘不得伸之意。《明堂位》『俎殷以椇』，注：『椇之言枳椇也，謂曲橈之
也。』《莊子·山木篇》：『騰蝯得柘棘枳枸之間，處勢不便，未足以逞其能。』
宋玉《風賦》：『枳句來巢，空穴來風。』」〔註22〕『枳句』、『空穴』皆連綿字，
『空穴』即『孔穴』。枳句來巢，陸機《詩疏》作『句曲來巢』〔註23〕，謂樹

〔註20〕蘇建洲《〈清華六〉文字補釋》，簡帛網 2016 年 4 月 20 日。

〔註21〕引者按：所引《本草》，《本草綱目》卷 31 引作《唐本草》蘇恭注語，則非《本
草》原文也。

〔註22〕引者按：《詩·南山有臺》孔疏引宋玉《賦》作「枳枸」。

〔註23〕引者按：陸璣《毛詩草木鳥獸蟲魚疏》卷上引古語作「枳枸」，《爾雅翼》卷 9
引古語作「枳椇」，《禮記·明堂位》孔疏、《爾雅翼》卷 9 引陸疏作「椇曲」。
段氏作「句曲」，當是誤記。

枝屈曲之處鳥用為巢。逸《莊子》作『桐乳致巢』〔註24〕，乃譌字耳。《淮南書》：『龍夭矯，燕枝拘。』〔註25〕亦屈曲盤旋之意。其入聲則為『迡曲』。『穦』與『枳、枝、迡』，『秵』與『棋、句、枸、拘、曲』，皆疊韻也。『穦秵』與『迡曲』皆雙聲字也。《急就篇》：『沽酒釀醪稽極程。』王伯厚云：『稽極當作穦秵。蓋詘曲為酒經程，寓止酒之義。』」〔註26〕段說多確〔註27〕。字又省作「支苟」，《墨子·親士》：「分議者延延，而支苟者詻詻焉。」俞樾讀「支苟」為「穦秵」〔註28〕。亦倒言作「句指」、「拘指」，《淮南子·脩務篇》：「今取新聖人書，名之孔墨，則弟子句指而受者必眾矣。《說苑·君道》：「北面拘指，逡巡而退以求臣，則師傅之材至矣。」《鹽鐵論·刺議》：「僕雖不敏，亦當傾耳下風，攝齊句指，受業徑於君子之塗矣。」字又作「句旨」〔註29〕，上博楚簡（九）《卜書》簡8：「三族句旨而惕。」〔註30〕堂，讀為常。槢，讀為卷。謿，即「謿」，同「嘲」，與「調」一聲之轉，字亦作啁，戲弄、調笑。簡文是說兔子常常卷曲在臺上，等著來客去調笑它。

〔註24〕引者按：所引逸《莊子》，見《文選·風賦》李善注引，《類聚》卷88、《御覽》卷956、《事類賦注》卷25、《埤雅》卷14、《爾雅翼》卷9、《困學紀聞》卷10引同。

〔註25〕引者按：所引《淮南書》，見《淮南子·修務篇》。

〔註26〕段玉裁《說文解字注》，上海古籍出版社1981年版，第275頁。所引王伯厚語，見王應麟《急就篇補注》，收入《叢書集成初編》第1052冊，中華書局1985年影印，第204頁。

〔註27〕段氏所引《淮南子》「龍夭矯，燕枝拘」則恐未確，以司馬相如《上林賦》「夭蟜枝格，偃蹇杪顛」證之，「枝拘」當作「枝格」；又所引王伯厚說亦誤，《急就篇》「極程」當據別本作「檠程」，乃「桱程」、「桱程」、「經程」音轉，酒器名，參見蕭旭《〈說文〉「桱，桱程也」補疏》，收入《群書校補（續）》，花木蘭文化出版社2014年版，第1867～1868頁。

〔註28〕俞樾《古書疑義舉例》卷7，中華書局1956年版，第137頁。

〔註29〕參見蔡偉《誤字、衍文與用字習慣——出土簡帛古書與傳世古書校勘的幾個專題研究》附錄一《古書校讀札記》，花木蘭文化出版社2019年版，第170～171頁。

〔註30〕此句的各家解讀意見可以參看俞紹宏等《上海博物館藏戰國楚簡集釋》第9冊，社會科學文獻出版社2019年版，第299頁。此取林志鵬說讀為「句指」。

郭店楚簡《老子》「丂」字考

    1. 郭店楚簡《老子》甲34：「未智（知）牝戊（牡）之會（合），丂蒞（怒），精之至也。」對其中的「丂」字，有以下各說：

    （1）整理者釋作「然」，裘錫圭先生按曰：「此字之義當與帛書本等之『脮』字相當，似非『然』字。」聶中慶從裘說〔註1〕。

    （2）黃德寬、徐在國隸作「劥」，認為從士勿聲，「勿」、「戔」音近，疑「劥」乃「脮」字或體〔註2〕。張守中、湯余惠皆隸作「劥」〔註3〕。彭裕商從黃、徐說〔註4〕。

    （3）崔仁義隸作「屻」，引《廣韻》「崛，崛屻，高貌」以釋之〔註5〕。

    （4）劉信芳認為是「昜（陽）」字異構〔註6〕。

    （5）魏啟鵬認為「然」讀為「勢」，男性生殖器之別稱〔註7〕。

    （6）趙建偉認為「脮」訛為「然」，後又脫「而」字〔註8〕。

〔註1〕《郭店楚墓竹簡》，文物出版社1998年版，第116頁。聶中慶《郭店楚簡〈老子〉研究》，中華書局2004年版，第238頁。

〔註2〕黃德寬、徐在國《郭店楚簡文字考釋》，《吉林大學古籍所建所十五周年紀念文集》，吉林大學出版社1998年版，第110頁。

〔註3〕張守中等《郭店楚簡文字編》，文物出版社2000年版，第5頁。湯餘惠《戰國文字編》，福建人民出版社2001年版，第21頁。

〔註4〕彭裕商、吳毅強《郭店楚簡〈老子〉集釋》，巴蜀書社2011年版，第338頁。

〔註5〕崔仁義《荊門郭店楚簡〈老子〉研究》，科學出版社1998年版，第66頁。

〔註6〕劉信芳《荊門郭店竹簡〈老子〉解詁》，藝文印書館1999年版，第41頁。

〔註7〕魏啟鵬《楚簡〈老子〉柬釋》，《道家文化研究》第17輯，三聯書店1999年版，第233頁；又臺北萬卷樓臺圖書公司1999年版，第33頁。

〔註8〕趙建偉《郭店竹簡〈老子〉校釋》，《道家文化研究》第17輯，三聯書店1999

（7）李零釋為「豸」，讀為「朘」〔註9〕。李氏後又改訂其說，認為此字可能與秦漢時期的「遂」有關……表示公豬生殖器的字〔註10〕。

（8）鄒安華認為「然怒」是牝牡交合之狀〔註11〕。

（9）王輝釋為「佥（陰）」〔註12〕。

（10）彭浩認為「然」借作「朘」〔註13〕。

（11）劉釗隸作「豸」，認為「豸字不識，但應讀為『朘』無疑」〔註14〕。

（12）廖名春隸作「劼」，認為是表示牡器的專字〔註15〕。

（13）何琳儀亦隸作「劼」，認為是從士從勿的會意兼形聲字，讀若物，義為士之物，即年輕男子的陽物〔註16〕。丁四新從黃德寬、何琳儀說〔註17〕。

（14）范常喜認為此字上部為「士」，為此字的意符；下部為「尋」字簡省，「尋」、「夋」音近，即「朘」字異體〔註18〕。

（15）郭永秉據《上博（七）·凡物流形》甲本 26 號和乙本 19 號的「廌」分別作「𩣡」、「𪊨」，認為《老子》的「劼」字「頭部與《凡物流形》『廌』字只爭一筆，也在戰國文字變化的情理之中」，讀為「朘」〔註19〕。

（16）顏世鉉曰：今本作「全」，河上公本作「峻」。郭永秉認為郭店簡
　　這個字是「廌」字的變體……如果郭永秉把郭店簡《老子》甲「劼」釋為

年版，第 288 頁。

〔註9〕 李零《郭店楚簡校讀記》，《道家文化研究》第 17 輯，三聯書店 1999 年版，第 467 頁；又李零《郭店楚簡校讀記（增訂本）》北京大學出版社 2002 年版，第 7 頁。

〔註10〕 李零《郭店楚簡校讀記（增訂本）》，中國人民大學出版社 2007 年版，第 18 頁。

〔註11〕 鄒安華《楚簡與帛書〈老子〉》，民族出版社 2000 年版，第 153 頁。

〔註12〕 王輝《郭店楚簡釋讀五則》，《簡帛研究（2001）》，廣西師範大學出版社 2001 年版，第 169 頁。

〔註13〕 彭浩《郭店楚簡〈老子〉校讀》，湖北人民出版社 2001 年版，第 65 頁。

〔註14〕 劉釗《郭店楚簡校釋》，福建人民出版社 2003 年版，第 24 頁。

〔註15〕 廖名春《郭店楚簡〈老子〉校釋》，清華大學出版社 2003 年版，第 330 頁。楊琳引「劼」誤作「劼」，少了一橫，鈔寫不認真。楊琳《楚簡〈老子〉男陰之「鳥」考釋》，《中國文字研究》第 22 輯，2015 年版，第 57 頁。

〔註16〕 何琳儀《「貴尹」求義》，武漢大學 2006 年新出楚簡國際學術研討會論文，第 133 頁；又刊於《中華文史論叢》2007 年第 4 期。

〔註17〕 丁四新《郭店楚竹書〈老子〉校注》，武漢大學出版社 2010 年版，第 231 頁。

〔註18〕 范常喜《〈郭店楚墓竹簡〉中兩個省聲字小考》，簡帛網 2006 年 8 月 1 日。

〔註19〕 郭永秉《由〈凡物流形〉「廌」字寫法推測與郭店〈老子〉甲組與「朘」相當之字應為「廌」字變體》，復旦古文字網 2008 年 12 月 31 日。

「鳶」字的說法無誤，則此「鳶」字與「全」、「峻」、「朘」也都是音近相通的異文〔註20〕。

2. 楊琳失引裘錫圭、趙建偉、劉釗、郭永秉、崔仁義、鄒安華等說，他認為其餘各說都有問題，下面節引他的說法：

「𠀉」的上部從士應可確認，則釋「然」、「夋」、「豖」等字都難以成立。楚簡中「未智牝戊之會」的上句「溺」字作「🐌」。「🐌」與上部的右半邊完全相同，可知應為「𠬧」字。因此，「𠀉」可隸定為「坮」。不過由於「溺」典籍也寫作「汋」，所以「𠀉」最好隸定為「圴」。「🐌」與「勺」的形體聯繫更為明顯。「坮」字從士即表陽具之義。「𠬧」即「溺」的初文。「弱」、「溺」二字上古通用無別。「弱」古亦用作「尿」。蓋小便前男陰堅挺，便後變軟，故「弱」引申為軟弱。「弱」又孳生出「搦」。小便時通常要扶持男陰並按抑使之朝下，故「弱」引申為按抑義及把握義，分化成詞即為「搦」。《說文》：「搦，按也。」「小便」與「生殖器」之間可以互相引申，所以男陰義之「坮」孳生出小便義之「溺」是很自然的詞彙孳生現象。「坮」是從士𠬧聲的形聲字，即男陰義之「鳥（屌）」的專字。「鳥」在先秦時期即有男陰義。春秋時齊有豎刁。「刁」指自閹其屌。「豎刁」之「刁」戰國楚簡中作「𨒅」，從弔得聲，弔即吊之異體，也有男陰義。「屌」為「吊」之後出分別文。男陰義之「刁」、「吊」其本字應為「鳥」，「鳥」之男陰義則是鳥雀義的引申〔註21〕。

3. 楊琳的說法，除從范常喜說認為「𠀉」上部從「士」可取，其餘多為臆說，分辨如下：

（1）《說文》：「弱，橈也，上象橈曲，彡象毛氂橈弱也，弱物並，故從二𠬧。」段玉裁曰：「橈者，曲木也。引伸為凡曲之偁。直者多強，曲者多弱。曲似弓，故以弓像之。弱似毛氂，故以彡像之。」〔註22〕「弱」是合體象形字，「𠬧」不成字。楊琳謂「弱」初文是「𠬧」，「弱」用作「尿」，小便後男陰變軟，引申為軟弱義，皆是臆說，未讀段注也。「弱」、「如」、「而」古音一聲之轉，從「如」、「而」得聲之字多有軟弱義。

〔註20〕 顏世鉉《利用語文學與新出土文獻校讀古書舉隅——以〈淮南子〉為例》，澳門大學《首屆新語文學與早期中國研究國際研討會論文集》，2016 年 6 月 19～22 日，第 276～277 頁。
〔註21〕 楊琳《楚簡〈老子〉男陰之「鳥」考釋》，《中國文字研究》第 22 輯，2015 年版，第 57～59 頁。
〔註22〕 段玉裁《說文解字注》，上海古籍出版社 1981 年版，第 425 頁。

（2）《說文》：「搦，按也。」段玉裁曰：「按者，抑也。《周禮·矢人》：『橈之以眡其鴻殺之稱。』注曰：『橈搦其榦。』謂按下之令曲，則強弱見矣。《玄應書》曰：『搦猶捉也。』此今義，非古義也。古義『搦』同『橈』。」〔註23〕「搦」謂按下之令曲。楊琳謂小便時扶持男陰並按抑使之朝下，故引申為按抑義及把握義，亦是妄說。

（3）「豎刁」亦非指自閹其屌。其人《公羊傳·僖公十八年》作「豎刀」，《賈子·連語》、《漢書·東方朔傳》作「豎貂」，《左傳·僖公二年》、《漢書·古今人表》作「寺人貂」。杜預注：「寺人內奄官豎貂也。」「刁」是「刀」俗字，「刀」、「貂」皆取短為義。《太平廣記》卷246引《啟顏錄》：「短尾者則為刁。」《廣雅》：「紹，短也。」《集韻》：「貂，犬之短尾者。」王念孫曰：「《玉篇》：『紹，犬短尾。』字亦作刀，俗作刁。《晉書·天錫傳》韓博嘲刁彝云『短尾者為刁』是也。《說文》：『襠，短衣也。』《方言》云：『無緣之斗謂之刁斗。』義並與紹同。」錢大昭曰：「《釋名》：『稠，貂也。貂，短也。』」〔註24〕字亦音轉作「周」、「翢」，指短尾之鳥；又作「裯」，指短衣。小車謂之軺，小船謂之舠、舠、艄、刀，小魚謂之鯛、鮉，小兒留髮謂之髫、髻，皆取短義〔註25〕。此人自宮，故以短為名。

（4）「鳥（屌）」的男具義，取義於倒懸，字本作「丄」、「佻」、「弔」，而非鳥雀義〔註26〕。

4. 郭永秉認為即「疕」，讀為「胈」，可備一說。但「亏」與「赤」上部字形差一筆，也可能是別的字。竊謂「亏」從士刀聲，可隸定為「方」。方讀為弔，即俗「屌」字，與「胈」義近。上博楚簡（五）《競建內之》簡10「豎逜」即「豎刀」，借逜為刀。

〔註23〕段玉裁《說文解字注》，上海古籍出版社1981年版，第606頁。
〔註24〕王念孫《廣雅疏證》，錢大昭《廣雅疏義》，並收入徐復主編《廣雅詁林》，江蘇古籍出版社1992年版，第178～179頁。《方言》卷13作「無升謂之刁斗」，王氏校改作「無緣」，是也。
〔註25〕參見蕭旭《韓非子校補》，花木蘭文化出版社2015年版，第108～109頁。
〔註26〕參見蕭旭《敦煌寫卷 P.5001《俗務要名林》「了厶□」考辨》，《古籍研究》總第57～58卷合刊，2013年版，第78～84頁；又收入《群書校補（續）》，花木蘭文化出版社2014年版，第1723～1731頁。

上博簡（二）《容成氏》「酥宅」臆解

1. 上博簡（二）《容成氏》簡2～3：「於是乎唫（喑）聾執燭，榾戏（矇工）鼓瑟，尨堅（跛躃）獸（守）門，牧需（侏儒）為矢，長者酥宅，婁（僂）者坟嚳，瘐（癭）者煮盧（鹽），宅蟲者敆（漁）澤。」酥宅，諸家或錄作「酥宅」。「侏儒為矢」指侏儒造矢，幾無異說。對於「長者酥宅」，大致有以下的說法：

（1）整理者李零曰：長者，疑讀為「張者」，與下「僂者」相反，指凸胸仰首的人。酥宅，待考〔註1〕。

（2）何琳儀曰：「酥」當是從首得聲之字，酥宅，疑讀「戚施」〔註2〕。

（3）徐在國曰：「酥」當分析為從禾首聲，釋為「秀」。「秀」疑讀為「繇」。《廣韻》：「繇，卦兆辭也。」簡文「秀（繇）宅」義與卜宅近。簡文「長（張）者秀（繇）宅，婁（僂）者仕（事）數」與上下文「跛躃守門，侏儒為矢」、「癭者煮鹽宅」結構相同，均是講有某種疾患者從事某種職業〔註3〕。徐在國的學生張通海從徐說〔註4〕。

〔註1〕馬承源主編《上海博物館藏戰國楚竹書（二）》，上海古籍出版社2002年版，第251～252頁。

〔註2〕何琳儀《滬簡二冊選釋》，簡帛研究網2003年1月14日。其說正式發表在《上博館藏戰國楚竹書研究續編》，上海書店出版社2004年版，第451頁。

〔註3〕徐在國《上博竹書（二）文字雜考》，簡帛研究網2003年1月14日。何琳儀、徐在國說又見安徽大學古文字研究室《上博楚竹書（二）研讀記》（程燕整理），《上博館藏戰國楚竹書研究續編》，上海書店出版社2004年版，第432頁。

〔註4〕張通海《〈上博簡〉（一、二）集釋》，安徽大學2004年碩士論文，第60、64頁。

（4）孟蓬生曰：「長者」與「侏儒」相對，因此長者應指身體特長的人〔註5〕。

（5）楊澤生曰：長者，當指個子高大而有某種缺陷之人。「䅵」從首禾聲，釋作「垸」。《說文》：「垸，以桼和灰而鬃也。」垸宅的工作常常要面對位置較高的牆和屋頂，如果由「長者」來做當然非常合適〔註6〕。

（6）許全勝曰：「長者」應與上文「侏儒」相對，是古之長人。「䅵厇」疑可讀為「相宅」，「䅵」疑為「相」之形誤。「厇」、「宅」通〔註7〕。

（7）黃錫全曰：「䅵」從禾首聲，相當於「直」。「宅」可釋讀為「鐸」或「鎛」。鐘架一般較高，所以適合長者敲擊或撞擊〔註8〕。

（8）陳斯鵬曰：「䅵」字當以首為聲，疑即《說文》的「褕」字，殆即一字之異體。有二種可能：其一，讀為修。修宅，即治宅。其二，讀為築。古籍於「宅」常言「築」。長者，以許（全勝）說為是。長者修築房宅，正好是發揮了他們的體格優勢〔註9〕。

（9）蘇建洲曰：簡文「長者」即「張者」，指患有腹脹病症者。黃錫全認為「長者當指個子高大而有某種缺陷之人」，此說亦有理，今二說並存。䅵厇，整理者以為待考。後一字學者均已指出就是「宅」字，可信。前一字本文贊同徐氏之說〔註10〕。

（10）劉信芳曰：張，腹滿也，字或作脹、痕。「䅵」字從首聲猶從道聲，字即「籴」字異構，《說文》：「籴，籴米也。」段注：「籴，擇也，擇米曰籴米，漢人語如此，雅俗共知者。」漢少府屬官有籴官，掌擇米。簡文「宅」應讀為「擇」。擇米即精加工米〔註11〕。

〔註5〕 孟蓬生《上博竹書（二）字詞札記》，簡帛研究網2003年1月14日。其說正式發表在《上博館藏戰國楚書研究（續編）》，上海書店出版社2004年版，第475頁。

〔註6〕 楊澤生《〈上海博物館所藏竹書（二）〉補釋》，簡帛研究網2003年2月15日。

〔註7〕 許全勝《〈容成氏〉補釋》，簡帛研究網2003年6月5日。

〔註8〕 黃錫全《讀上博簡（二）札記五則》，《第四屆國際中國古文字學研討會論文集》，香港中文大學2003年10月版，第233～234頁。

〔註9〕 陳斯鵬《上博藏簡（二）釋字二篇》，《上博館藏戰國楚竹書研究續編》，上海書店出版社2004年版，第521～522頁。

〔註10〕 蘇建洲《〈容成氏〉柬釋（一）》，簡帛研究網2003年6月5日。其說又見蘇建洲《容成氏譯釋》，季旭昇主編《〈上海博物館藏戰國楚竹書（二）〉讀本》，萬卷樓圖書股份有限公司2003年版，第110～112頁。

〔註11〕 劉信芳《楚簡〈容成氏〉官廢疾者文字叢考》，《古文字研究》第25輯，中華

（11）王青曰：「長者」疑即文獻中提到的「尪者」，《呂氏春秋・盡數》注云：「尪，突胸仰向疾也。」〔註12〕

（12）張崇禮曰：「酥」當釋為「槷」，訓為擇。厇，上博簡中屢現，多讀為「度」，這裡的「厇」也應該讀為「度」。《廣雅》：「殳、度，杖也。」《周禮・地官・司市》：「凡市入則胥執鞭度守門。」鄭玄注：「度謂殳也。」槷度，檢擇度、殳之類的長兵器。孟蓬生、許全勝等已經指出，「長者」與「侏儒」相對，應指身體特長的人。其說可從。按照《周禮・考工記・盧人》的說法，「殳長尋有四尺」……對身材高大的人來說，都是一項比較合適的工作〔註13〕。

（13）薛培武錄作「縣厇」，讀為「縣度」，解為「用縣緂／縣繩度量」〔註14〕。

（14）吳建偉隸定作「長者積宅」，解作「凸胸仰首的人拔除墳墓上的草」〔註15〕。

上面節錄的諸家說法或許不很完備，現在網路上的觀點很多，不知還有沒有遺漏。

2.「長者酥厇」眾說紛紜，陳劍認為「『長者酥厇』幾句尚難以確切解釋」〔註16〕，孫飛燕也說「諸說皆難以令人信服」〔註17〕，我亦有同感。「長者」當從孟蓬生、許全勝說，是指高個子的人。「酥」字從百。據《說文》，「百」既是「首」古文，亦是「百」古文。「酥」既可以認為從「首」得聲的「酥」字，亦可以認為從「百」得聲的「酥」字。茲依「酥」、「酥」二字提出三個假設如下，我更傾向於第一說。

（1）「酥厇」倒言則曰「厇酥」。蝗蟲又名「蚚蛢」（見《方言》卷11郭

書局2004年版，第324、326頁。

〔註12〕王青《〈容成氏〉注釋論說》，收入《新出簡帛文獻注釋論說》，臺灣書房2008年版，第202～203頁。

〔註13〕張崇禮《釋上博簡〈容成氏〉與廢疾者有關的一段簡文》，復旦古文字網2015年8月9日。

〔註14〕薛培武《〈容成氏〉「縣度」試釋》，復旦古文字網2015年10月29日。

〔註15〕吳建偉《「長者積宅」試解》，《中國文字研究》第24輯，上海書店2016年版，第68～71頁。

〔註16〕陳劍《上博楚簡〈容成氏〉與古史傳說》，中研院歷史語言研究所「中國南方文明研討會」會議論文，臺北2003年12月；又收入陳劍《戰國竹書論集》，上海古籍出版社2013年版，第60頁。

〔註17〕孫飛燕《〈容成氏〉文本整理及研究》，清華大學2010年博士學位論文，第85頁。

璞注），又名「蛞蚱」（見《玉篇》），音轉又作「虼蜢」、「蚱蜢」（見《集韻》）；驢父牛母之騾名「馲駝」、「犿猲」、「駏駼」（見《玉篇》、《廣韻》、《集韻》）；小舟名「舴艋」（見《廣雅》），亦同源。蛞之言趚，音轉作蜢，騰越義；虼之言蹟，音轉作蚱，跳行義〔註18〕。跳行之蟲曰虼蛞，跳行之騾曰馲駝，跳行之舟曰舴艋，跳行之人曰庀酥，蓋方言詞，其義一也。高個子的人走路則快。長者酥庀，猶今言高個子的跑腿。

（2）劉信芳、張崇禮說「酥」是「橐」字異構。但此簡「橐」不讀本字訓擇，竊以為當讀為蹈。《容成氏》簡44：「于是乎作為九城（成）之臺，視（實）盂炭其下，加圜木於其上，思（使）民道之。」整理者李零正讀道為蹈〔註19〕。《韓詩外傳》卷6：「故明君不道也。」《荀子·富國》同，《外傳》卷3、《荀子·王制》「道」作「蹈」。《列子·黃帝》：「向吾見子道之。」張湛注：「『道』當為『蹈』。」盧重玄本、道藏高守元本並作「蹈」。朱駿聲曰：「道，叚借為蹈。」〔註20〕金其源曰：「《釋名》：『道，蹈也。』則不必作『蹈』。」〔註21〕《列子·黃帝》：「此吾所以道之也。」盧重玄本作「蹈」，《莊子·達生篇》同。朱駿聲曰：「道，叚借為蹈。」〔註22〕敦煌寫卷北圖0866《李陵變文》：「勃籠宛轉，舞道揚聲。」「舞道」即「舞蹈」。字亦作導，《呂氏春秋·察今》：「嚮其先表之時可導也。」高誘注：「導，涉也。」江紹原曰：「《說文》：『蹈，踐也。』『導』字或竟是『蹈』之借字。」〔註23〕敦煌寫卷P.2237：「道喜見諸（之）高蹤。」P.2767V：「導善見之高蹤。」《後漢書·逸民傳》：「蹈老氏之高蹤。」《公羊傳·襄公五年》：「仲孫蔑、衛孫林父會吳于善稻。」《釋文》：「善稻，《左氏》作『善道』。」皆其例也。「庀」字據圖版當作「庀」，同「庀」。但此字不讀為宅，亦不讀為度，疑當讀為蹠。《說文》：「蹠，楚人謂跳躍曰蹠。」《方言》卷1：「踣、蹠、跳，跳也。楚曰蹠，陳鄭之閒曰蹠，

〔註18〕參見蕭旭《「蝗蟲」名義考》，收入《群書校補（續）》，花木蘭文化出版社2014年版，第2187～2191頁。

〔註19〕馬承源主編《上海博物館藏戰國楚竹書（二）》，上海古籍出版社2002年版，第284頁。

〔註20〕朱駿聲《說文通訓定聲》，武漢市古籍書店1983年版，第265頁。

〔註21〕金其源《讀〈列子〉管見》，收入《讀書管見》，（上海）商務印書館1957年初版，第383頁。

〔註22〕朱駿聲《說文通訓定聲》，武漢市古籍書店1983年版，第265頁。

〔註23〕江紹原《讀呂氏春秋雜記》，《中法大學月刊》第5卷第1期，1934年版，第31～32頁。

楚曰蹠，自關而西、秦晉之閒曰跳，或曰踖。」郭璞注：「踖，古蹠字。」《玉篇》：「蹠，楚人謂跳曰蹠。」字或作迍，九店楚簡簡 32：「迍四方埜（野）外。」迍訓適、至，取跳行為義。字或作跅，《漢書・揚雄傳》：「秦神下讐，跅魂負泝。」王先謙曰：「『跅』與『蹠』同字。《說文》：『楚人謂跳躍曰蹠。』言秦神讐懼其靈魂跳躍遠避而負倚坻岸也。」〔註24〕字亦省作石，清華簡（一）《金縢》簡 8：「周公石東三年，禑（禍）人乃斯得。」《史記・秦本紀》：「是時蜚廉為紂石北方。」李學勤、禢健聰讀石為蹠，訓往、適〔註25〕。「蝗蟲」以善跳得名，故稱作「蟅」、「黃柏」，又稱作「虴（蛇）」，蟅（柏）之言蹠（跅）也，虴（蛇）亦蹠音轉〔註26〕。「酥厇」指蹈蹠弓弩使之開張發射，古人發射弓弩，跳躍取勢，以足蹠弓弩使之開張。高個子的人腳長有力〔註27〕，便於蹈蹠弓弩。《戰國策・韓策一》：「被堅甲，蹠勁弩，帶利劍。」《史記・蘇秦傳》同。漢人也稱作「蹶張」，《史記・張丞相傳》：「申屠丞相嘉者，梁人，以材官蹶張從高帝擊項籍，遷為隊率。」《集解》引徐廣曰：「勇健有材力開張。」又引如淳曰：「材官之多力，能腳蹶強弩張之，故曰蹶張。律有『蹶張士』。」《索隱》引孟康曰：「主張強弩。」又引如淳曰：「材官之多力，能蹶強弩張之，故曰蹶張。《漢令》有『蹶張士百人』，是也。」《漢書・申屠嘉傳》顏師古注：「今之弩以手張者曰擘張，以足蹶者曰蹶張。」蹶讀為趉，《說文》：「蹶，一曰跳也。」又「趉，蹶也。」《玉篇》：「趉，跳起也。」字或作「趍張」，「厇」、「趉」亦音轉。「趍張」即「蹶張」。《說文》：「趍，距也。《漢令》曰：『趍張百人。』」《繫傳》：「趍張，蓋謂以足蹶張弩也。」趍訓距者，距是跳躍義（見下文）。睡虎地秦簡《秦律雜抄》簡 8：「輕車、趍張、引強、中卒所載傅〈傳〉到軍，縣勿奪。」「趍」本當從「庐」得聲作「趍」，隸變從「斥」作「趍」。《說文》「趍」作「𧼒」，上引睡虎地秦簡「趍」作「𧻲」〔註28〕，

〔註24〕 王先謙《漢書補注》，書目文獻出版社 1995 年版，第 1497 頁。

〔註25〕 李學勤《由清華簡〈金縢〉看周初史事》，收入《初讀清華簡》，中西書局 2013年版，第 119 頁。禢健聰《〈史記〉釋讀札記二則》，《文獻》2014 年第 2 期，第 122～123 頁。

〔註26〕 參見蕭旭《「蝗蟲」名義考》，收入《群書校補（續）》，花木蘭文化出版社 2014年版，第 2184 頁。

〔註27〕 《淮南子・齊俗篇》：「故伊尹之興土功也，修脛者使之跙鍤，強脊者使之負土。」許慎注：「長脛以蹠插（臿）者，使入深。」《治要》卷 41 引「跙」作「踏」。此正長脛者有力之證，故能蹠臿使之入深也。

〔註28〕 張守中《睡虎地秦簡文字編》，文物出版社 1994 年版，第 17 頁。

馬王堆帛書《君正》簡 17「赻」作「**赾**」〔註 29〕，其右旁皆是篆書「庶」的變體或譌誤。「赻」當是「趣」字異體，從厥省聲。《集韻》：「趣、赻，《說文》：『趨也。』或省。」俗字亦作「踤」、「蹠」。也省稱作「蹶」，《鹽鐵論・論勇》：「況以吳楚之士，舞利劍，蹶強弩。」字又省作厥，《說文》：「厥，發石也。」發石、發箭一也。蹶讀為趣，取跳躍為義。漢人又稱作「超距」、「超距」、「拔距」，《說文》：「距，一曰超距。」《管子・輕重丁篇》：「戲笑超距。」《史記・王翦傳》：「方投石超距。」《集解》引徐廣曰：「超，一作『拔』。《漢書》云：『甘延壽投石拔距，絕於等倫。』」又引張晏曰：「拔距，超距也。」《索隱》：「超距，猶跳躍也。」徐廣所引《漢書》見《甘延壽傳》，王念孫曰：「石，擿也。投石猶言投擿，擿亦投也。拔距，超距也。距亦超也（《僖二十八年左傳》：『距躍三百。』杜注曰：『距躍，超越也。』《呂氏春秋・悔過篇》注曰：『超乘，巨踊車上也。』『巨』與『距』同），超亦拔也。」〔註 30〕《史記・蘇秦傳》：「韓卒超足而射。」《索隱》：「超足，謂超騰用勢，蓋起足蹋之而射也。故下云『蹶勁弩』是也。」「超」即「趏（俗作『跳』）」字音轉，「距」亦跳義。明嘉靖沈氏野竹齋本《韓詩外傳》卷 10：「將使我投石超距乎？」《新序・雜事五》同。《外傳》之「超距」，元刊本作「斥距」，《記纂淵海》卷 68 引同〔註 31〕；《白氏六帖事類集》卷 17、《類聚》卷 18 引作「拔距」〔註 32〕。疑《外傳》本作「斥距」，後人依《漢書》改作「拔距」。「斥」是「赻」省借。蔣斧印本《唐韻殘卷》：「趣，跳趣，或作**趏**（赻）。」敦煌寫卷 P.3694V《箋注本切韻》、《廣韻》並云：「趣，跳趣。」「跳趣」即「蹈趣」音轉。

（3）簡文「執燭」、「鼓瑟」、「守門」、「為矢」、「煮鹽」皆動賓為詞（「坟礜」當亦然，其義待考），必依詞例，則讀「龢禾」為「蹈蹶」，亦可能是動賓詞組。「蹈」是動詞蹋義。「蹶」本亦動詞蹋義，此轉作名詞，指所蹋之禾。《呂氏春秋・重言》：「有執蹶痗而上視者。」高誘注：「蹶，踰。」《說苑・權謀》「蹶痗」作「柘杵」。孫詒讓曰：「『痗』疑『枱』之異文。《說文》：『枱，耒耑也。』此『蹶痗』猶言『蹶耒』、『跖鐮』也。『柘杵』亦即『跖枱』之譌。注

〔註 29〕陳松長《馬王堆簡帛文字編》，文物出版社 2001 年版，第 55 頁。

〔註 30〕王念孫《漢書雜志》，收入《讀書雜志》卷 6，中國書店 1985 年版，本卷第 29 頁。

〔註 31〕四庫本《記纂淵海》在卷 49。

〔註 32〕四庫本《白帖》在卷 60。

『踰』當為『踏』。」注「踰」當作「蹹」〔註33〕，即「踏」、「蹹」。孫詒讓說至確，陳奇猷、王利器從其說。《說文》：「枱，耒也。梩，或從里。」「枱（梩）」與「枱」音義全同，字亦作鈶、鈶，俗字又作耜、耜、耝、杷、耙。《呂氏》以「蹹枱」為名詞，簡文則省稱作「蹹」。《淮南子·齊俗篇》：「修脛者使之跖钁。」許慎注：「長脛以蹹插（耒）者，使入深。」《治要》卷41引作「脩脛者使之踏钁」，《御覽》卷37、764引並作「脩腳者使之跖鑸」，《劉子·適才》作「長脛者使之蹹鍤」。「钁」當作「糧」，字或作「欋」。《集韻》：「糧、欋：耜也，或從木。」《說文》作「槤」，云：「茉耒也。」「耜」為「枱」俗字。《說文》：「枱，耒也。」《六書故》：「耜，耒下刺土耒也。」指犁上的鏵。故諸書易以同義的「鏵」或「鍤（耒）」。跖糧，猶言跖耒。王念孫謂「钁」當從《御覽》作「鏵」，鏵即耒也。王叔岷、于大成從王念孫說〔註34〕，茲所不取。《淮南子·主術篇》：「一人跖耒而耕，不過十畝。」簡文「長者酥尾」，即《淮南》「修脛者跖枱」之誼。

3. 下文「癭者煮盬，尾畱者漁澤」，「畱」字李零隸作「蟲」，茲從蘇建洲釋文，二氏以「尾」上屬。諸家說云：

（1）整理者李零曰：煮盬尾，疑讀「煮鹽醝」或「煮鹹醝」。蟲者，或可讀為「疣者」，指長有贅疣的人〔註35〕。

（2）蘇建洲曰：陳劍在「盬」後斷句，將「尾」歸於下一句，文意似不順。何琳儀斷句同陳劍，把下句的「畱」上屬，讀作「澷」。《說文》：「澷，澤多也。」簡文意謂「居於沼澤之人則捕魚於澤」。但此說與上下文內容所指都是有某種疾患者從事某種職業明顯不同，茲不取其說。陳美蘭以為「尾」是衍文。畱者，周鳳五釋為「禿者」：「首，古音書紐幽部；禿，透紐屋部。可以通假。又，《古文四聲韻》收古文『獨』，其字從目從虫，蓋即『蜀』字。其上端所從目形與簡文『百』相似，則簡文也可能為『蜀』字之訛。蜀，禪紐屋部，與『禿』可以通假。」建洲按：字從百（首）從虫，「百（首）」應為聲符。《郭店》「憂」字作「悥」，亦以「百」為聲符，而「憂」、「疣」古音

〔註33〕《說苑·善說》：「於是鄂君子皙乃擒脩袂行而擁之。」《類聚》卷71、《永樂大典》卷3006引「擒」作「揄」，《御覽》卷771、《樂府詩集》卷83引作「榆」，是其比。
〔註34〕于大成《淮南子校釋》，收入《淮南鴻烈論文集》，里仁書局2005年版，第800頁。
〔註35〕馬承源主編《上海博物館藏戰國楚竹書（二）》，上海古籍出版社2002年版，第252頁。

相近，故得通假。周說除聲韻條件符合外，亦舉了《禮記・問喪》「然則禿者不免，傴者不袒，跛者不踊，非不悲也，身有痼疾，不可以備禮也」及《穀梁傳・成公元年》的文獻證據，可見得「禿者」與「傴者」、「跛者」共同出現一處，與簡文文句類似。《呂氏春秋・盡數》：「輕水所多禿與癭人。」《易林・坤之大過》：「瘤癭禿疥，為身瘡害。」亦以禿、癭連言，與簡文語序相近。二說權衡之下，似以周說較有理〔註39〕。

（3）劉信芳曰：疍，整理者讀為疣，指長有贅疣的人。《數盡》與之對應的字作「疛」，高誘注：「疛，跳動，皆腹疾。」《說文》：「疛，小（心）腹病。」「疍」、「疛」用字不同，存其異可也。「疍」字讀為煩或疫，可謂文從字順。「煩」為四肢顫動之疾，《數盡》「疛」為跳動之疾，於文義亦合〔註37〕。

（4）牛新房曰：「厇」字李零認為屬上讀，何琳儀認為屬下讀，但從上下文都是四字為句看，似乎都有問題。疑此「厇」是涉上文「酥厇」之「厇」字而衍，當刪（從白于藍說）。從上述簡文看，「疍者」應指身體有某種殘疾的人，故可知何琳儀讀疍為澷不確。劉信芳認為是四肢顫動之疾，但這種病症似乎不適合捕魚。待考〔註36〕。

「厇」字非衍文，即使牽於四字句式，亦當說「者」字衍文，上文「暗聾執燭，矇工鼓瑟，跂𧿆守門，侏儒為矢，長者酥厇，僂者坟壟，癭者煮鹽」，雙音節詞下皆無「者」字，單音節詞「長」、「僂」、「癭」下才加「者」字。當從陳劍、何琳儀讀作「厇疍漁澤」。「厇疍」即「酥厇」倒言，亦取跳躍為義。簡文「厇疍」指走得快的人。「暗聾」等都是指身體有某種特點的人，「厇疍」非必指身體有殘疾。上文「酥厇」是動詞，此文「厇疍」則是名詞，名、動固相因也。「跂𧿆」的語源是「般辟」，盤旋之義，用為名詞，可指足跛之人，文獻多借「跛躄（躃）」、「蹳躃」為之，倒言則作「躄跛」、「躃跛」；亦可指退縮旋轉諂媚逢迎的取媚之人，文獻多借「便辟」為之〔註39〕。何以使癭者煮鹽、厇疍漁澤，則未明其故，待考。

〔註39〕 蘇建洲《容成氏譯釋》，季旭昇主編《〈上海博物館藏戰國楚竹書（二）〉讀本》，萬卷樓圖書股份有限公司 2003 年版，第 113～114 頁。

〔註37〕 劉信芳《楚簡〈容成氏〉官廢疾者文字叢考》，《古文字研究》第 25 輯，中華書局 2004 年版，第 326～327 頁。所引《呂氏春秋》篇名《數盡》，當是「《盡數》」之倒。

〔註36〕 牛新房《〈容成氏〉研究》，華南師範大學 2007 年碩士論文，第 22 頁。

〔註39〕 參見蕭旭《「便辟」正詁》，《中國文字研究》第 27 輯，2018 年版，第 135～139 頁。

4. 附帶考證一下「拔距」。《漢書・甘延壽傳》應劭注曰：「拔距，即下『超踰羽林亭樓』是也。」張晏曰：「拔距，超距也。」顏師古曰：「拔距者，有人連坐相把據地，距以為堅，而能拔取之。皆言其有手掣之力。超踰亭樓，又言其趫捷耳。非拔距也。今人猶有拔爪之戲，蓋拔距之遺法。」王念孫曰：「左思《吳都賦》：『袒裼徒搏，拔距投石之部。』劉逵曰：『拔距謂兩人以手相案，能拔引之也。』師古之解『拔距』蓋本於此。距亦超也，超亦拔也。劉逵謂『拔距』為『兩人以手相案，能拔引之』，非是。」〔註40〕方以智、朱駿聲從「能拔引之」說〔註41〕。舊說皆望文生義，王念孫謂「拔」、「距」同義，距亦超也，是也，但他沒有說「拔」何以有「跳躍」義，其說未盡。今謂「拔」即上引《方言》「跋，跳也」之「跋」音轉〔註42〕。《說文》、《廣雅》亦云：「跋，跳也。」字或作趫、趫，《說文》：「趫，走也。」《玉篇》：「趫，走貌。」謂跳走之貌。《集韻》：「跋，跳也，或從走。」「沸（潰）」謂泉涌出皃，「灊」謂水沸騰，「坲」謂塵起，亦皆同源。俗字音轉又作踦〔註43〕，字亦作勃，俗字音轉又作蹦。敦煌寫卷 S.5437《漢將王陵變》：「盧綰勃跳下階，便奏霸王。」項楚曰：「勃跳，蹦跳，同『踦跳』。」〔註44〕蛙善跳，故稱作「蛣蜣」（見《埤雅》卷2），謂「踦縱」也。

〔註40〕 王念孫《漢書雜志》，收入《讀書雜志》卷6，中國書店 1985 年版，本卷第 29頁。

〔註41〕 方以智《通雅》卷 7，收入《方以智全書》第 1 冊，上海古籍出版社 1988 年版，第 272 頁。朱駿聲《說文通訓定聲》，武漢市古籍書店 1983 年版，第 683頁。

〔註42〕 從友從弗相通之例參見張儒、劉毓慶《漢字通用聲素研究》，山西古籍出版社 2002 年版，第 908 頁。例證甚多，不備舉。

〔註43〕 從字從弗相通之例參見張儒、劉毓慶《漢字通用聲素研究》，第 908～909 頁。

〔註44〕 項楚《敦煌變文選注》，中華書局 2006 年版，第 177 頁。

漢簡「皮窅」校正

1. 西北屯戍類漢簡中有「皮窅」一物，文例如下：

（1）《居延漢簡》303.11：「凡亭隧皮窅廿八，凡亭隧卅五所，其十三枚受府，十五枚亭所作，少七枚。」〔註1〕

（2）《居延漢簡》495.1：「皮窅、草葦各一。」〔註2〕

（3）《居延新簡》74EJT：119：「大黃弩服，衣絕，非物。負二算。皮窅二□□，負□算。」〔註3〕

（4）《居延新簡》74EJT37：1537～1558：「木面衣二，破釜一，鐵戊二，皮窅、草莫（葦）各一。」〔註4〕

2. 對「皮窅」的解釋，有以下的說法：

（1）陳直把「皮窅」釋作「皮官」，曰：「皮官為陂官之省文，《漢書·地理志》九江郡有陂官，蓋管陂池山澤之利者。」〔註5〕

（2）薛英群等曰：「皮窅，用皮革做成的防面具。」〔註6〕王震亞、張小

〔註1〕 《中國簡牘集成》第 7 冊《甘肅省、內蒙古自治區卷〔居延漢簡三〕》，敦煌文藝出版社 2001 年版，第 227 頁。

〔註2〕 《中國簡牘集成》第 8 冊《甘肅省、內蒙古自治區卷〔居延漢簡四〕》，敦煌文藝出版社 2001 年版，第 109 頁。

〔註3〕 薛英群、何雙全、李永良《居延新簡釋粹》，蘭州大學出版社 1988 年版，第 73 頁。

〔註4〕 薛英群、何雙全、李永良《居延新簡釋粹》，蘭州大學出版社 1988 年版，第 74 頁。「葦」原錄作「莫」，從轟丹《西北屯戍漢簡中的「窅」和「葦」》注釋（1）改，《敦煌研究》2015 年第 2 期，第 107 頁。

〔註5〕 陳直《居延漢簡研究》，天津古籍出版社 1986 年版，第 383 頁。

〔註6〕 薛英群、何雙全、李永良《居延新簡釋粹》，蘭州大學出版社 1988 年版，第 73 頁。

鋒說同〔註7〕。

（3）《中國簡牘集成》注：「皮眢，眢，皮製守禦器。每隧亭配置一枚。」〔註8〕

（4）張國豔曰：「趙叔向《肯綮全錄·俚俗字義》：『目深曰眢。』所以『皮眢』當是一種與眼睛有關的器物，又由於它出現在兵器簿上，所以它可能是一種用皮革製成的保護眼睛的武器裝備。」〔註9〕

（5）李天虹曰：「皮冒、草葦二物常常並列，大約配套使用。簡 EPT48.129 記『皮督』與『草葦』並列，皮督顯即皮冒。督為頭盔，『冒』同『帽』，兩字含義類同。葦，《說文》：『雨衣，一曰衰衣。』對比分析，冒、葦似乎與冑、甲相當。」〔註10〕

沈剛《居延漢簡語詞匯釋》匯集（2）～（4）說〔註11〕，集而未釋。聶丹對以上各說進行了辨正，她指出「草葦是偵察兵用來隱蔽、防雨的草編衣裝」，「皮眢是偵察兵勘察敵情的瞭望皮質工具」。她說：眢，是深目，指眼睛凹陷。《說文》：「眢，深目也。」《漢書·西域傳》「自宛以西至安息國……其人皆深目，多須顏。」《玉篇》：「《說文》云：『深目貌。』」《廣韻》：「眢，深目貌。」「眢」有遠望的意思。《文選·遊敬亭山》：「綠源殊未極，歸徑眢如迷。」李善注引《聲類》：「眢，遠望也。」既可以使眼睛深藏，且可以望遠的，當屬於瞭望鏡一類的物件。西北屯戍漢簡中用來瞭望偵查的防禦器，就有稱為「深目」的〔註12〕。

3. 聶丹說「草葦」是防雨的草編衣裝，這是正確的，《說文》說得明明白白，無須論證。至於她引《說文》、《玉篇》、《廣韻》「眢」訓深目，又引《聲類》「眢，遠望也」，以為是用於瞭望的「深目」器具，則是大誤。「眢」訓深目貌，指眼睛瞘陷。聶丹引的《漢書》「其人皆深目」，就是此義。《居延漢簡》562.15：「□□縣南首□偃□□吟，目眢，手卷，足展，身完，毋兵

〔註7〕 王震亞、張小鋒《漢簡中的戍卒生活》，《簡牘學研究》第2輯，1998年版，第130頁。

〔註8〕 《中國簡牘集成》第7冊《甘肅省、內蒙古自治區卷〔居延漢簡三〕》，敦煌文藝出版社2001年版，第227頁。

〔註9〕 張國豔《居延新簡詞匯札記》，《青海師專學報》2002年第2期，第73頁。

〔註10〕 李天虹《居延漢簡簿籍分類研究》，科學出版社2003年版，第114頁。

〔註11〕 沈剛《居延漢簡語詞匯釋》，科學出版社2008年版，第73頁。

〔註12〕 聶丹《西北屯戍漢簡中的「眢」和「葦」》，《敦煌研究》2015年第2期，第106～110頁。

刃木索。」〔註13〕亦是此義。《居延新簡》EPT58：46：「☐□死亭東內中東首，正偃，目冐、口吟，兩手卷，足展，衣☐。」《中國簡牘集成》無說〔註14〕，馬智全曰：「目冐，目小。」〔註15〕馬說非也，「目冐」必是「目窅」之誤。《漢書・禮樂志》：「都荔遂芳，窅窕桂華。」顏師古注引蘇林曰：「窅音窅昳之窅，窕音窆下之窆。」段玉裁曰：「蘇林《漢書》注云：『窅昳。』窅謂入，昳謂出……窅昳，《倉頡篇》作『容昳』，葛洪《字苑》作『凹凸』，今俗通用作『坳突』。」〔註16〕《玄應音義》卷10：「凹凸：《蒼頡篇》作『容突』，同。容，墊下也。突，突也，凸起也。」段氏引作「昳」，蓋臆改。《莊子・逍遙遊篇》《釋文》引支遁曰：「謂地有坳垤形也。」「窅昳」、「坳垤」、「容突」並同，即俗字「凹凸」也。「窅」訓深目貌，取凹陷為義。《聲類》「窅」訓遠望者，朱駿聲指出「窅，叚借為目」〔註17〕。《說文》：「目，望遠合也。」字亦作「窀」，《玉篇》：「窀，遠望合也，亦作作窈、窅、杳。」瞭望器具名為「深目」者，取其眼睛可以看得遠為義。《淮南子・泰族篇》：「欲知遠近而不能教之以金目則射快。」高誘注：「金目，深目，所以望遠近射準也。」居延漢簡82.1：「塢上深目一不事用，少六。」〔註18〕眼睛匾陷的「深目」與瞭望器具「深目」，風馬牛不相及〔註19〕。聶丹拘於字形，把不同字、詞的不同取義牽合在一起，考證出漢簡「皮窅」指瞭望器，其結論當然是錯誤的。

〔註13〕《中國簡牘集成》第8冊《甘肅省、內蒙古自治區卷〔居延漢簡四〕》，敦煌文藝出版社2001年版，第223頁。

〔註14〕《中國簡牘集成》第11冊《甘肅省、內蒙古自治區卷〔居延新簡三〕》，敦煌文藝出版社2001年版，第105頁。

〔註15〕馬智全《居延新簡集釋》（四），甘肅文化出版社2016年版，第523頁。

〔註16〕段玉裁《說文解字注》，上海古籍出版社1981年版，第172頁。

〔註17〕朱駿聲《說文通訓定聲》，武漢市古籍書店1983年版，第306頁。

〔註18〕《居延漢簡甲乙編》下冊，考古學專刊乙種第16號，中華書局1980年版，第60頁。其中「塢」字，謝桂華等《居延漢簡釋文合校》錄文同（文物出版社1987年版，第144頁），臺灣中央研究院歷史語言研究所專刊之109《居延漢簡》（一）改錄作「塨」（2014年版，第245頁）。

〔註19〕初師賓亦把漢簡「深目」與眼睛凹陷的「深目」混為一談，認為漢簡「深目」指塢壁垣堞上的視孔、垛眼。日人宮宅洁在初師賓說基礎上，指出簡454.20「深目」以「枚」計數，則不是城牆上的射箭孔，而是某種器具或裝置，改釋作「監視孔、射擊孔」。均是郢書燕說，不知其語源不同。初師賓《漢邊塞守禦器備考略》，收入《漢簡研究文集》，甘肅人民出版社1984年版，第192頁。宮宅洁說見富谷至《漢簡語彙考證》，中西書局2018年版，第190～191頁。

4. 漢簡中釋作「窅」的字，《居延漢簡》303.11 圖版作「🈳」〔註20〕，此字當隸作「㝡」，作部首的「宀」、「冖」常混寫，「㝡」當是「冃（冒）」的省寫。《說文》：「冒，蒙而前也，從冃從目。」「冒」也寫從「宀」頭，作「宜」、「宜」、「冒」〔註21〕等形，省寫則作「冃」、「冒」〔註22〕。《居延新簡》EPT56：74 中作「冒」〔註23〕，亦可比附。《肩水金關漢簡》（肆）73EJT37：1542：「皮宜、草葦各一，瓦科二。」〔註24〕「宜」亦「冒」字。《居延漢簡》506.1：「皮冒、革（草）葦各一，毋冒。」〔註25〕《居延新簡》EPT56：74：「羊皮冒草一。」〔註26〕漢簡皆以「冒」、「葦」連稱。所謂「皮窅」，當釋作「皮冒」，即「皮帽」。其語源是「冖」，孳乳作「冃」、「冃」、「冒」、「帽」。《說文》：「冖，覆也，從一下垂也。」又「冃，重覆也。」又「冃，小兒、蠻夷頭衣也。」《玉篇》：「冃，小兒、蠻夷頭衣也。或作帽。」《殷周金文集成》2837 載西周早期《大盂鼎》、又 6015 載《麥方尊》並有「冖、衣、市、舄」之語〔註27〕。《居延新簡》EPT48：129：「甲渠部、皮瞀、草葦各一。」〔註28〕「瞀」借為「冒」。字亦作「鍪」、「務」，《荀子·哀公》：「古之王者有務而拘領者矣。」楊倞註：「務，讀為冒。《尚書大傳》曰：『古之人衣上

〔註20〕《中國簡牘集成》第 1 冊《圖版選（上卷）》，敦煌文藝出版社 2001 年版，第 158 頁。

〔註21〕前二個字形參見張守中《睡虎地秦簡文字編》，文物出版社 1994 年版，第 121 頁；後一個字形參見《漢語大字典》（第二版），崇文書局、四川辭書出版社 2010 年版，第 1607 頁。

〔註22〕前一字形參見徐在國《傳抄古文字編》引《集篆古文韻海》，線裝書局 2006 年版，第 746 頁；後一字形參見閔齊伋《六書通》去聲十三效韻，收入《四庫全書存目叢書》經部第 200 冊，齊魯書社 1997 年版，第 342 頁。

〔註23〕字形參見白海燕《〈居延新簡〉文字編》，吉林大學 2014 年博士學位論文，第 554 頁。

〔註24〕《肩水金關漢簡（肆）》，中西書局 2015 年版，第 239 頁。此例承任攀博士檢示，謹致謝忱！

〔註25〕《中國簡牘集成》第 8 冊《甘肅省、內蒙古自治區卷〔居延漢簡四〕》，敦煌文藝出版社 2001 年版，第 131 頁。「草」原錄作「革」，從聶丹《西北屯戍漢簡中的「窅」和「草」》注釋（4）改，《敦煌研究》2015 年第 2 期，第 107 頁。

〔註26〕《中國簡牘集成》第 11 冊《甘肅省、內蒙古自治區卷〔居延新簡三〕》，敦煌文藝出版社 2001 年版，第 29 頁。

〔註27〕《大盂鼎》、《麥方尊》，分別收入《殷周金文集成》第 5、11 冊，中華書局 1985、1992 年版，第 240、196 頁。

〔註28〕《中國簡牘集成》第 9 冊《甘肅省、內蒙古自治區卷〔居延新簡一〕》，敦煌文藝出版社 2001 年版，第 309 頁。

有冒而句領者。」鄭康成注云：『冒，覆項（頭）也。』」〔註29〕《淮南子・氾論篇》「務」作「鍪」，高誘注：「鍪，頭著兜鍪帽，言未知製冠也。」郝懿行曰：「古讀冒、務音同。」〔註30〕《荀子・禮論》：「薦器則冠有鍪而毋縰。」楊倞註：「鍪，冠，卷如兜鍪也。謂明器之冠也，有如兜鍪加首之形而無韜髮之縰也。鍪之言蒙也，冒也，所以冒首。莫侯反，或音冒。」李天虹說「瞀為頭盔」，亦誤。「鍪」指頭盔者，特帽之一種而已，以其為鐵製，故專字從金作鍪。張小豔曰：「古人稱『頭盔』曰『鍪』，即因其形與漢代慣用的似釜而反唇的炊器『鍪』相像而得名。」〔註31〕此說源流倒置。頭盔曰鍪，炊器曰鍪，皆以其功用或器形似冒（帽）而得名也。

　　附記：本文作於 2015 年聶丹文發表後，主要觀點曾在簡帛網論壇 2017 年 7 月 13 日提及。新見《古漢語研究》2019 年第 1 期王錦城《釋西北漢簡中的「冒」》（第 85～90 頁），亦訂「皮宵」作「皮冒」，與本文詳略不同，可以參看。

〔註29〕劉師培謂「項」是「頭」形譌，劉師培《荀子斠補》，收入《劉申叔遺書》，江蘇古籍出版社 1997 年版，第 937 頁。《玉海》卷 81 引鄭注作「冒，覆項也」，則「項」為「頂」之誤，形尤相近。

〔註30〕郝懿行《荀子補注》卷下，收入《四庫未收書輯刊》第 6 輯第 12 冊，北京出版社 2000 年版，第 35 頁。

〔註31〕張小豔《敦煌社會經濟文獻詞語論考》，上海人民出版社 2013 年版，第 189 頁。

漢簡「尚（常）韋」解詁

　　1. 敦煌漢簡 571B 有「尚韋□」的殘文，敦煌漢簡 1686 有「尚韋二兩一出」的記載〔註1〕。傳世文獻《急就篇》、《鹽鐵論》中亦作「尚韋」（參見下文）。居延漢簡中有常見名物詞「常韋」，居延漢簡 8.1B、179.2A、285.25、居延新簡 EPT 19.12 並有「常韋二兩」，居延漢簡 34.15A「皁布襦，枲肥，常韋，犬絑」，居延漢簡 41.17「常韋萬六千八百」，居延漢簡 67.7「毋枲履，常韋，犬☐（絑）」，居延新簡 EPT51.457「常韋一兩」。流沙墜簡器物類 35「常☐二兩」〔註2〕，缺字當是「韋」。「常」從「尚」得聲，例得通用，故二者是一物無疑。

　　2. 對「尚（常）韋」的解釋，各家的說法分列如下：

　　（1）王筠曰：《說文》：「韠，蔽膝也。」《方言》：「蔽膝，江淮之間謂之褘，或謂之袚，魏宋〔南楚〕之間謂之大巾，自關東西謂之蔽膝，齊魯之郊謂之袡。」亦借韋為之，《急就篇》：「裳韋不借為牧人。」王注：「韋，一作幃。裳正幅曰幃。」案：幃亦褘之借字。《鄭語》：「王使婦人不幃而譟之。」〔註3〕

　　（2）《佩文韻府》卷 5：《鹽鐵論》「古之庶人縮絲尚韋」，謂風俗淳樸，省絲而用韋也〔註4〕。

　　（3）孫詒讓曰：皇本「裳韋」作「尚韋」。此章自「履舄鞜哀絨緤紃」以

〔註1〕甘肅省文物考古研究所編《敦煌漢簡》，中華書局 1991 年版，第 241、285 頁。
〔註2〕《流沙墜簡》，羅振玉、王國維編著，中華書局 1993 年版，第 181 頁。
〔註3〕王筠《說文解字句讀》，中華書局 1988 年版，第 309 頁。「南楚」據《方言》卷 4 補。
〔註4〕《佩文韻府》卷 5，收入《四庫全書》第 1011 冊，臺灣商務印書館 1986 年初版，第 617 頁。

下至章末，多說履舄之名飾。《鹽鐵論・散不足篇》說履云：「古者庶人鹿菲草芰（即屨字），縮絲尚韋而已。」是古作履，自有尚韋之制，與此上下文正合。顏不得其說，而改「尚」為「裳」，釋為「以韋為裳」，則不為履，與上下文並不相應矣。王校別本「韋」作「幃」，尤誤，當以皇本正之〔註5〕。

（4）沈元曰：「尚韋」一詞，有人釋「尚」為「裳」，釋「韋」為「臂韝」，但《急就篇》「尚韋」與「不借」、「屐屬」、「絣」、「麤」、「索擇（鞤鞾）」屬於一部，都是履名，顯然「尚韋」也是履的一種。再證以《鹽鐵論・散不足》「古者庶人鹿菲草芰，縮絲尚韋而已，及其後則綦下不借，鞍韅革舄」，「尚韋」也與履類相比，可見「尚韋」為一種履名無疑〔註6〕。

（5）李均明曰：尚韋，漢簡中常作「常韋」，皇象本《急就篇》「裳韋不借為牧人」，葉本「裳」作「尚」。「裳韋」的「韋」字古籍多寫作「幃」或「褘」。《國語・鄭語》韋注：「裳正幅曰韋。」又稱為「韠」，《釋名・釋衣服》：「韠，所以蔽膝前也，婦人蔽膝亦如之。」現在稱為圍裙或圍腰〔註7〕。

（6）裘錫圭曰：「尚韋」與「常韋」是同名的異寫（看李均明《〈流沙墜簡〉釋文校正》，《文史》第12輯60頁）。皇象本《急就篇》「尚韋不借為牧人」，亦用「尚」字。顏師古本作「裳韋」，「裳」、「常」古本一字。宋太宗本作「裳幃」。顏師古《急就篇》注謂「裳韋，以韋為裳也」，似是臆測之辭。漢簡「尚韋」或以「兩」計，與鞋、襪及褲同，可證顏說之誤。沈元《〈急就篇〉研究》因《急就篇》中與「尚韋」同章者多為履名，《鹽鐵論・散不足》亦以「尚韋與履類相比」，認為「尚韋是一種履名無疑」。今案：《鹽鐵論》「尚韋」與「縮絲」為對文（「縮」當捆紮講），故知「尚韋」一詞中的「尚」字本取其動詞義，當是「加上」之意；「韋」字本取其韋革之義。由此推測，「尚韋」似是加在鞋襪上防髒的皮罩，故每與鞋襪之類並提，並可以「兩」計。此物今日仍有用之者〔註8〕。

〔註5〕孫詒讓《札迻》卷2《〈急就篇〉顏師古注》，中華書局1989年版，第47頁。
〔註6〕沈元《〈急就篇〉研究》，《歷史研究》1962年第3期，第77頁。《急就篇》原文「索擇」作「鞤鞾」。
〔註7〕李均明《〈流沙墜簡〉釋文校正》，《文史》第12輯，1981年版，第60頁。皇象本作「尚韋」，李氏失檢。
〔註8〕裘錫圭《〈居延漢簡甲乙編〉釋文商榷（續四）》，《人文雜誌》1983年第1期，第102頁；其說又見《閱讀古籍要重視考古資料》，收入《古代文史研究新探》，江蘇古籍出版社1992年版，第69頁；分別收入《裘錫圭學術文集》卷2、4，復旦大學出版社2012年版，第142、409頁。

（7）于豪亮曰：「常韋」在漢簡中常見。《急就章》：「裳韋不借為牧人。」《補注》：「韋，一作幃。裳正幅曰韋。」「常韋」就是「裳韋」。《說文》以「常」、「裳」為一字。《說文》：「褘，蔽膝也。」《國語·鄭語》韋注：「裳正幅曰韋。」《方言》卷4云云。《釋名·釋衣服》：「韠，蔽也，所以蔽膝前也，婦人蔽膝亦如之。」「常韋」古代稱為袚，又稱為褘，現在則稱之為圍裙〔註9〕。

（8）陳直曰：「常韋」亦見於敦煌漢簡校文72頁，有「尚韋二兩」之記載。《急就篇》云：「常韋不借為牧人。」是以「常韋」與「不借」連稱。《鹽鐵論·散不足篇》：「麤菲草芰，縮絲尚韋而已。」亦以「常韋」與「草履」並稱，則「常韋」為草履之類無疑。顏師古注《急就篇》，以「常韋」或作「尚韋」，解作下韋曰裳之衣服，誤矣〔註10〕。

（9）馬非百曰：尚韋，加之以皮〔註11〕。

（10）王利器曰：《急就篇》：「裳韋不借為牧人。」顏注：「韋，柔皮也。裳韋，以韋為裳也。」孫詒讓曰：「裳韋，皇象本作『尚韋』。顏不得其說，改『尚』為『裳』。」器案：孫說是，《玉篇》：「鞝，音掌，扇安皮也。」今尚云「鞝鞋」，「尚」即「鞝」字〔註12〕。

（11）《中國簡牘集成》注釋：常韋一兩，一種皮繩〔註13〕。

（12）黃今言曰：常韋，軍服。《左傳·閔公二年》注「常服」曰：「韋弁服，軍之常也。」〔註14〕

（13）魏德勝曰：裘文可備一說，似尚可進一步探討。但「尚韋」為鞋一類的物件則是可以確定的。但他是一種鞋，還是與鞋相關的附屬物，還不能確定。我們更傾向於指鞋，一種皮革類的鞋。但尚無充分的證據〔註15〕。

〔註9〕于豪亮《居延漢簡叢釋》，《文史》第17輯，1983年版，第92~93頁；又收入《于豪亮學術文存》，中華書局1985年版，第192頁。《方言》卷4上文已引，此省略之。

〔註10〕陳直《居延漢簡研究》，中華書局2009年版，第382頁。

〔註11〕馬非百《鹽鐵論簡注》，中華書局1984年版，第244頁。

〔註12〕王利器《鹽鐵論校注》，中華書局1992年版，第395頁。

〔註13〕《中國簡牘集成》第10冊《居延新簡二》，敦煌文藝出版社2005年出版，第130頁。

〔註14〕黃今言《秦漢軍事後勤的幾個問題》，轉引自沈剛《居延漢簡語詞匯釋》，科學出版社2008年版，第232頁。

〔註15〕魏德勝《簡帛文獻語言研究應注意的幾個問題》，中國語言學會第14屆學術年會論文，2008年溫州大學；《中國語言學報》第14期，2010年版，第289頁。

（14）陳練軍曰：「常韋」就是「裳韋」，即做下裙用的皮革〔註16〕。

沈剛從裘錫圭說〔註17〕。王貴元引述了陳直、裘錫圭、于豪亮、《集成》注釋、陳練軍五說，判斷說：「正如裘錫圭所說，『常韋』用量詞『兩』……所以，圍裙、皮繩和皮革三說不符合實際。從所配量詞和簡文位置看，鞋履說和加在鞋襪上防髒的皮罩說最為符合。只是鞋履說的依據並非具有必然性，因為與鞋履名稱並列的並不一定也是鞋履名稱，且『常韋』二字無以解釋。鞋襪上防髒的皮罩不見文獻記載，是否為生活在西北地方的普通兵卒常用物品值得懷疑。我們認為『常韋』當是綁腿。『裳』當是『常』字改『巾』為『衣』形成的後出字。『常韋』即作為裳的韋，也即作為下衣的柔皮。《急就篇》顏注得之。」〔註18〕王貴元至取顏氏誤說，而失檢者多矣。

3. 松江本《急就篇》作「尚韋」，王國維校云：「顏本、宋太宗本、趙正書本『尚』作『裳』，宋釋文亦作『裳』，乃假字與正字之異。韋，宋太宗本作『幃』。」〔註19〕王應麟《補注》本作「裳韋」，宋·胡仔《漁隱叢話》前集卷 34 引同。各家說云：王應麟曰：「《考工記》『攻皮之工』有韋氏。《左傳》『裳，下之飾也。』賈山云：『布衣韋帶之士。』一作幃。《國語》注：『裳正幅曰韋。』」〔註20〕鈕樹玉校曰：「葉本裳作尚，譌。」〔註21〕孫星衍《考異》：「尚，顏本作裳。韋，《玉海》作幃。」〔註22〕高二適曰：「尚韋、不借，皆履名也，見《鹽鐵論》。顏注云云，由不知裳乃尚字之訛，遂望文生義。」〔註23〕

〔註16〕陳練軍《居延漢簡中與量詞相關的詞語訓釋》，《居延漢簡量詞研究》附錄一，西南師範大學 2003 年碩士學位論文，第 65 頁。

〔註17〕沈剛《居延漢簡語詞匯釋》，科學出版社 2008 年版，第 232 頁。

〔註18〕王貴元《釋漢簡中的「行勝」與「常韋」》，《語言研究》2014 年第 4 期，第 114～115 頁。又收入王貴元《簡帛文獻字詞研究》，中國社會科學出版社 2020 年版，第 10～14 頁。

〔註19〕王國維《校松江本〈急就篇〉》，收入《王國維遺書》第 6 冊，上海古籍書店 1983 年據商務印書館 1940 年版影印，本文第 12 頁。

〔註20〕史游《急就篇》卷 2（王應麟補注），影天壤閣叢書本，收入《叢書集成初編》第 1052 冊，中華書局 1985 年影印，第 151 頁。

〔註21〕鈕樹玉《校定皇象本〈急就篇〉》，影功順堂叢書本，收入《叢書集成初編》第 1053 冊，本篇第 6 頁。

〔註22〕孫星衍《〈急就篇〉考異》，影岱南閣叢書本，收入《叢書集成初編》第 1053 冊，中華書局 1985 年影印，本篇第 8 頁。

〔註23〕高二適《新定〈急就篇〉及考證》卷上，上海古籍出版社 1982 年版，第 145 頁。

4. 孫詒讓、沈元、王利器、陳直、高二適謂「尚韋」是履名，至確。考《鹽鐵論・散不足》：

「古者庶人鹿（麤）菲草芰，縮絲尚韋而已，及其後則綦下不借，鞔鞮革舄。」〔註24〕其下文云：

「今富者……韋沓絲履，走者茸芰。」「縮絲」指給履面繡上絲綢，「尚韋」指給鞋底釘上皮革。其為物也，則稱之曰「絲履」、「韋沓」。「縮」、「尚」皆是動詞。居延漢簡 262.28A 有「韋沓一兩」之語，「沓」字也作「鞜」、「靸」、「鞈」，指生革之履；「韋沓」也稱作「革鞜」、「韋履」，就是皮靴〔註25〕。至於「尚」字，王利器引《玉篇》「鞝，音掌，扇安皮也」，謂「今尚云鞝鞋，尚即鞝」，亦至確，然其說猶未盡，下文申證之。王利器引《周禮正義》謂「韋沓」、「革鞜」的「沓（鞜）」取義於「沓沓作聲」〔註26〕，則非是。

5.「鞝」是釘皮的後出本字。《玉篇》「鞝」訓「扇安皮」者，朝鮮本《龍龕手鑑》、《五音集韻》、《改併五音類聚四聲篇海》同，《重訂直音篇》、《字彙》、《正字通》作「扇鞍皮」，《篇海類編》作「扇馬鞍皮」，蓋不得其誼，而妄改「安」作「鞍」、「馬鞍」。胡吉宣《玉篇校釋》無說〔註27〕。「安」即「安置」、「安裝」義。扇上安皮謂之鞝，履底安皮亦謂之鞝〔註28〕。明・李寶《蜀語》：「縫皮曰鞝。鞝音掌。」〔註29〕清・唐訓方《里語徵實》卷上同〔註30〕。民國《定海縣誌・方俗・方言》：「鞝，諸兩切，俗讀若尚，謂靴鞵配皮底曰鞝。」〔註31〕俗記同音字作「緔」或「上」。鞝之言𣪠也，《玉篇》：「𣪠，推也。」「推」謂推擊。胡吉宣據《慧琳音義》改「推」作「撞」〔註32〕，非是，「撞」、

〔註24〕《初學記》卷 26、《書鈔》卷 136、《御覽》卷 697 引「鹿」作「麤」，是也。

〔註25〕參見于豪亮《居延漢簡釋叢》，《文史》第 12 輯，1981 年版，第 45～46 頁；又收入《于豪亮學術文存》，中華書局 1985 年版，第 175～176 頁。于氏未及「鞈」字，《玉篇》：「鞈，𩏄也，亦作鞈。」

〔註26〕王利器《鹽鐵論校注》，中華書局 1992 年版，第 397 頁。

〔註27〕胡吉宣《玉篇校釋》，上海古籍出版社 1989 年版，第 5260 頁。

〔註28〕我舊說云「扇，動詞，擊打也，俗作搧、揎；扇安皮者，謂敲打而安裝皮革，猶俗言釘皮也」，今改之。蕭旭《鹽鐵論校補》，收入《群書校補（續）》，花木蘭文化出版社 2014 年版，第 953 頁。

〔註29〕李寶《蜀語》，收入《叢書集成初編》第 1182 冊，中華書局 1985 年影印，第 23 頁。

〔註30〕唐訓方《里語徵實》卷上，光緒歸吾盧刻本。

〔註31〕《定海縣誌》，民國鉛印本第 5 冊。

〔註32〕胡吉宣《玉篇校釋》，上海古籍出版社 1989 年版，第 3245 頁。

「推」義同，擊打也。本字為杝，「杝」、「毃」二字《廣韻》同音宅耕切，《集韻》同音除耕切。《說文》：「杝，橦（撞）也。」俗字作打，《廣雅》：「打，擊也。」段玉裁曰：「撞從手，各本誤從木從禾，今正。《通俗文》曰：『撞出曰杝。』丈鞭、丈莖二切。與《說文》合。謂以此物撞彼物使出也。《三蒼》作敲，《周禮·職金》注作掊，他書作敲，作數。實一字也。杝之字，俗作打，音德冷、都挺二切。近代讀德下切，而無語不用此字矣。」〔註33〕段說甚確。《玄應音義》卷8：「相敲：古文毃、殼、椁三形，今作杝，同。丈衡反。謂敲觸也。」又卷3：「牢敲：又作敲、椁二形，同。《三蒼》：『敲，橦（撞）也。』《通俗文》：『撞出曰打。』今之以木若鐵撞出孔中物更補之謂之敲。經文作棠，非體也。」《慧琳音義》卷9作：「牢敲：下又作毃、椁二形，同。《三蒼》：『毃，撞也。』《通俗文》：『撞出曰杝。』今之以木若鐵撞出孔中物更補之謂之毃。經文作棠，非毃體也。」是玄應、慧琳認為「毃（敲、敲、殼、椁）」即「杝（打）」字。字亦作數，《集韻》：「杝，《說文》：『橦（撞）也。』或作掊、敲、毃。」字亦作攪，《方言》卷10：「拋、扰，推也。南楚凡相推搏曰拋，或曰捻，沅、涌、潕幽之語或曰攪。」郭璞注：「今江東人亦名推為攪，音晃。」《廣雅》：「攪，擊也。」《列子·黃帝》：「攪拋挨扰。」張湛注：「攪，胡廣反，《方言》［注］：『今江東人亦名推為攪。』又音晃，搥打也。」《龍龕手鑑》：「皷，俗，昌兩反。」《字彙補》：「皷，音敲，義未詳。」《龍龕》未指出「皷」的正字，亦無釋義。張涌泉疑「皷」為「敲」的俗字〔註34〕，非是。「皷」當即「鞔」改易義符的俗字，亦是釘皮的專字，指把皮革繃緊而釘上去，取義於撞擊。《鹽鐵論·散不足》：「今富者連車列騎，驂貳輜軿；中者微輿短轂，煩尾掌蹄。」王利器曰：「孫人和曰：『掌讀為茞，《說文》：「茞，拒也。」茞蹄，以物飾遮其蹄也。』器按：茞蹄，今猶有此語，就是拿鐵茞釘在馬蹄上來保護它。走馬之茞蹄，正如鬥雞之距爪一樣。」〔註35〕

〔註33〕段玉裁《說文解字注》，上海古籍出版社1981年版，第268頁。段氏改「橦」作「撞」，是也，《唐寫本說文解字木部》正作「撞」。近代「打」音德下切者，黃侃謂其本字是《說文》中的「笝」，云：『《說文》：「笝，笞也。」此即打人字。蓋通作杝，隸書木、手不分，遂訛為打矣。』如黃說，則德下切的「打」與德冷、都挺二切的「打」是同形異字。黃侃《字通》，收入《說文箋識》，中華書局2006年版，第122頁。

〔註34〕張涌泉《漢語俗字叢考》，中華書局2000年版，第833頁。

〔註35〕王利器《鹽鐵論校注》，中華書局1992年版，第368頁。

二氏說皆是也，「堂」訓拒，即抵拒二頭而撐開義。「掌蹄」指給馬蹄釘上鐵片，「掌」與「尚」其義一也。蒲松齡《日用俗字·皮匠章第十六》：「靴匠又為髦皮勒，股子做頭踶皮緣。鞰腳偏輻割剗眼，鞰頭結罷又揎鞭。剩下碎皮還打鞔，鍥鞋也要細剗鑽。紉上針時捹一捹，線粗針密始牢堅。」〔註36〕碎皮打鞔，謂以碎皮納鞋底也。「打」俗音轉作丁雅切，又與「鞔」聯合作合音詞。安徽南陵1978年發現的吳王光劍銘：「攻敔王光自乍（作）用鐱（劍），以戗戗（勇）人。」劉雨曰：「『戗』字金文首見，似應讀為『當』。『戈』旁乃附加成分。《廣韻》：『當，敵也。』是知『當』者，抵敵之謂也。」〔註37〕王輝曰：「劉雨讀戗為當。按『戗』不見於字書，但字從戈，尚聲，尚與當通，則戗或即擋之異體，以戈擋敵，為形聲字。」〔註38〕「擋」即「當」俗字，吳王光即闔閭，說他作劍以擋勇人，被動防守，未合其身份。「戗」亦「杅」借字，擊也。字亦作㝎，睡虎地秦簡《法律答問》簡121：「癘者有罪，㝎殺。㝎殺可（何）如？生㝎殺水中之謂殹（也）。」「㝎殺」謂打死〔註39〕。

6. 今吳語、江淮官話、西南官話、贛語、閩語還稱給靴鞋配底為「鞔」，江淮官話又稱所配之底亦為「鞔」〔註40〕，皆古語之遺存。棗莊電臺王寧告知，今齊魯官話稱修鞋匠為「掌鞋的」。配底的材料或為皮革，或為橡膠，給馬蹄配底的材料則為鐵片，俗稱作「掌子」。尚韋，即釘皮、縫皮，指給鞋子釘皮底。漢簡中的「尚（常）韋」則作名詞用，指釘皮底的鞋子；詞義擴大，亦可泛指皮靴。

本文刊於《中國文字》新45期，臺灣藝文印書館2019年出版，第153～160頁。

〔註36〕蒲松齡《日用俗字》，收入《蒲松齡集》（路大荒整理），上海古籍出版社1986年版，第756頁。

〔註37〕劉雨《關於安徽南陵吳王光劍銘釋文》，《文物》1982年第8期，第69頁。

〔註38〕王輝《古文字通假字典》，中華書局2008年版，第407頁。

〔註39〕參見蕭旭《〈睡虎地秦墓竹簡〉校補》，收入《群書校補（續）》，花木蘭文化出版社2014年版，第33頁。

〔註40〕參見許寶華、宮田一郎《漢語方言大詞典》，中華書局1999年版，第7313頁。

《山海經》「佩」字解詁

1.《山海經》中凡言「服」某種動物、植物、礦物者,「服」均指服食、服用。

(1)《山海經・中山經》:「其上有木……其名曰柄木,服者不妬。」《南山經》:「有獸焉……其名曰類,自為牝牡,食者不妬。」《北山經》:「有鳥焉……其名曰黃鳥,其鳴自詨,食之不妬。」三例文例相同,此服訓服食之確證。

(2)《中山經》:「其中有鳥焉……名曰鴒鵌,其鳴自呼,服之不眯。」又「有草焉……名曰植楮,可以已癙,食之不眯。」又「有獸焉……名曰䶏蚳,食之不眯。」《西山經》:「是多冉遺之魚……食之使人不眯,可以禦凶。」四例文例相同,此亦服訓服食之確證。睡虎地秦簡《日書》甲種《詰咎》:「一室中臥者眯也,不可以居。」「眯」是「寱」借字,亦省作「寐」。《說文繫傳》:「寐,寐而獸也。從寢省,米聲。臣鍇曰:《莊子》曰『今夫已陳之芻狗,復取之,遊居寢臥其下,不得寱,必且寐焉』是也。又《山海經》有『食之不寐』,借『眯』字為之也。」《廣雅》:「寱,厭也。」《集韻》:「寱、眯,《博雅》:『厭也。』或作眯。」〔註1〕王念孫曰:「《說文》:『寱,寐而厭也。』字亦作眯。高誘注《淮南子・精神訓》云:『楚人謂厭為眯。』《西山經》:『鴒鵌,服之使人不眯。』郭璞注云:『不厭夢也。』引《周書・王會篇》云:『服者不眯。』《莊子・天運篇》:『彼不得夢,必且數眯焉。』司馬

〔註1〕 《集韻》據潭州宋刻本、金州軍刻本、明州述古堂影宋鈔本、曹氏棟亭本、揚州使院本、日本天保九年重刊顧廣圻補刻本,南宋明州刻本誤作「或作眛」,四庫本誤作「或作眛」,字頭「眯」則不誤。

彪注云：『眯，厭也。』」〔註2〕王氏所引文獻，頗有改易。①所引《西山經》，今本作「不厭」，《御覽》卷928引作「不眯」。郭璞注：「不厭夢也。《周書》曰：『服者不眯。』〔註3〕音莫禮反。或曰：眯，眯目也。」郭璞《山海經圖贊·獂獸鵸鵌鳥贊》：「鵸鵌三頭，獂獸三尾。俱禦不祥，消凶辟眯。君子服之，不逢不躓。」郭璞本作「眯」，今本作「厭」蓋後人所改。②今本《周書·王會解》：「善芳者，頭若雄雞，佩之令人不眛。」孔晁注：「善芳，鳥名。不眛，不忘也。」《文選·三月三日曲水詩序》李善注、《御覽》卷873引「眛」同；《海內南經》郭璞注引作「食之不眛」，《容齋續筆》卷13引亦作「眯」字。盧文弨曰：「郭注《西山經》引『眛』作『眯』，莫禮切，眯目也。今從本注作『眛』。」〔註4〕孫詒讓於異文「眛」、「眯」未作判斷〔註5〕。《周書》「眛」當據郭璞所見本作「眯」。「不眯」即「不厭」。③王氏所引《淮南子·精神篇》，正文作「覺而若眛，以（『以』衍文）生而若死」，高誘注：「眛，暗也，獃也。楚人謂獃為眛，諭無知也。」王念孫曰：「眛，道藏本如是，尚存『眯』字左畔，別本作『眛』，尤非。舊本『生』上衍『以』字，今刪。引之曰：『眛』與『厭』義不相近，『眛』皆當為『眯』（音米），字之誤也。注中『暗也』二字，乃後人所加。《說文》云云。字通作眯，《西山經》、《莊子·天運篇》云云。是『眯』與『厭』同義，故高注亦云『眯，厭也。楚人謂厭為眯』。後人不知『眛』為『眯』之譌，而誤讀為暗眛之眛，遂於注內加『暗也』二字，何其謬也？且『眯』與『死』、『體』為韻，若作『眛』，則失其韻矣。」〔註6〕王說是也，但《淮南子》道藏本作「眛」，景宋本、漢魏叢書本、明刻本同，不作「眯」。「眛」亦「眯」形譌，與《周書》誤同。《中山經》：「有草焉……其名曰䔄草，服之不眛。」袁珂從王念孫校「眛」作「眯」〔註7〕。范祥雍過錄王念孫說云：「郭注《海內南經》引《周書》『狌

〔註2〕王念孫《廣雅疏證》，收入徐復主編《廣雅詁林》，江蘇古籍出版社1992年版，第376頁。

〔註3〕此據道藏本作「眯」，故郭氏音莫禮反。四部叢刊影明成化刊本、四庫本「眯」誤作「眛」。

〔註4〕盧文弨《逸周書校正》卷7，《抱經堂叢書》本，盧氏刊本，本卷第13頁。

〔註5〕孫詒讓《周書斠補》卷4，收入《大戴禮記斠補（外四種）》，中華書局2010年版，第273～274頁。

〔註6〕王念孫《淮南子雜志》，收入《讀書雜志》卷13，中國書店1985年版，本卷第43頁。

〔註7〕袁珂《山海經校注》（最終修訂本），北京聯合出版公司2014年版，第136頁。

狖食之不眯』，孔晁本作『眛』，誤也。」〔註8〕漢魏叢書本《董子・郊語》「鴟羽去眛」，明鈔本、彙函本「眛」作「眯」，《說郛》卷5、《永樂大典》卷4908引同。凌曙曰：「原注：『一作眯。』按作『眯』為是。」蘇輿從凌說〔註9〕。桂馥亦校作「眯」〔註10〕。《論衡・狀留》：「救眛不給。」孫詒讓曰：「眛，當為眯。」〔註11〕《漢書・地理志》「邪頭眛」，陳直曰：「《書道》卷三，234頁有『邪頭眯宰印』封泥，《志》文作『眛』，蓋傳寫之誤。」〔註12〕均其相誤之例。

（3）《中山經》：「其中多飛魚……服之不畏雷，可以禦兵。」郭璞《山海經圖贊・飛魚贊》：「飛魚如豚，赤文無羽。食之辟兵，不畏雷鼓。」〔註13〕郭氏易「服之」作「食之」，得其誼矣。《書鈔》卷152引正文「服之」亦作

〔註8〕 范祥雍《山海經箋疏補校》卷5，上海古籍出版社2013年版，第194頁。

〔註9〕 凌曙注本《春秋繁露》卷14，收入《龍溪精舍叢書》，本卷第6頁。蘇輿《春秋繁露義證》卷14，中華書局1992年版，第395頁。

〔註10〕 桂馥《說文解字義證》「眯」字條，齊魯書社1987年版，第278頁。至於桂氏說《新序・雜事五》「決目出眛」之「眛」當作「眯」，宋刻本、嘉靖翻宋本、漢魏叢書本、龍谿精舍叢書本《新序》本就作「眯」，桂氏所見乃誤本。

〔註11〕 孫詒讓《論衡札迻》，收入《札迻》卷9，齊魯書社1989年版，第287頁。

〔註12〕 陳直《漢書新證》，中華書局2008年版，第213頁。陳氏但信封泥，以「眯」為正。楊守敬曰：「薉、眛音近。是『邪頭眛』即《說文》之『薉邪頭國』，亦即『濊貊國』也。」楊氏以「薉邪頭」為一國。周振鶴曰：「頗疑『邪頭眛』之眛有貊音。『邪頭眛』即『邪頭貊』，為濊貊之一支，故以之為縣名。陳直云云，究其實，恐非傳寫之誤。以記『貊』之音，而或為『眛』，或為『眯』耳。」余謂周說近是，當以「眛」為正字，封泥偶誤耳，不足信。顏師古注引孟康曰：「眛音妹。」是孟氏所見本必是「眛」。《爾雅・釋魚》「鮥、鰕」條郭璞注引呂氏《字林》云「出薉、邪頭國」，《說文》「鯸」、「鮥」二條，並謂此魚「出薉、邪頭國」。「薉」即「穢」，亦作「濊」，指古東夷國「濊、貊」之濊國。眛、貊一聲之轉，「邪頭眛」指貊（貊）國，省稱作「邪頭」。「濊貊」又作「穢貊」、「穢貊」、「獩貊」，又音轉作「穢絡」。《荀子・勸學》「夷絡」，《治要》卷38引作「夷貊」。《風俗通・皇霸》「亂延蠻貊」，《漢書・王莽傳》「貊」作「絡」。《風俗通・窮通》「名聲暴於夷、貊」，《漢書・李廣傳》「貊」作「絡」。《方言》卷4：「絡頭，帕頭也。自關而西，秦晉之郊曰絡頭。南楚江湘之間曰帕頭。」《御覽》卷799引《風俗通》：「狛者，略也，云無禮法。」均其證也。楊守敬《晦明軒稿》「汪士鐸《漢志釋地》駁議」條，收入《續修四庫全書》第1570冊，上海古籍出版社2002年版，第115頁。周振鶴《漢書地理志匯釋》，安徽教育出版社2006年版，第426～427頁。周振鶴說又略見氏著《西漢政區地理》，人民出版社1987年版，第213頁。

〔註13〕 《初學記》卷1引《飛魚贊》「羽」作「鱗」，「鼓」作「音」。《類聚》卷2、《御覽》卷13、《事類賦注》卷3引誤作《山海經》正文。

「食之」。《中山經》：「勞水出焉……是多飛魚，其狀如鮒魚，食之已痔衕（洞）。」〔註14〕文例相同。《中山經》「其上有草焉……其名曰嘉榮，服之者不〔畏〕霆」〔註15〕，亦同。《西山經》：「有鳥焉……〔名〕曰橐琵，冬見夏蟄，服之不畏雷。」郭璞注：「著其毛羽，令人不畏天雷也。」郭璞《山海經圖贊·橐琵贊》：「有鳥人面，一腳孤立。性與時反，冬出夏蟄。帶其羽毛，迅雷不入。」郭氏於此經說「著其毛羽」、「帶其羽毛」，非是。《廣韻》：「琵，蠹（橐）琵，鳥名……著其毛，令人不畏雷。出《山海經》。」亦承郭說之誤。此「服」謂服食橐琵鳥，《紺珠集》卷9引易作「食之」。

（4）《中山經》：「有草焉……名曰無條，服之不癭。」又「有獸焉……其名曰難，食之已癭。」《西山經》：「有草焉……名曰杜衡，可以走馬，食之已癭。」三例文例相同。

2. 古音「服」、「佩」相通，故二字互借。服讀作佩的例證如下：①《荀子·勸學》：「蘭槐之根是為芷，其漸之滫，君子不近，庶人不服，其質非不美也，所漸者然也。」《大戴禮記·勸學》、《史記·三王世家》「服」同，《晏子春秋·內篇襍上》作「佩」。孫星衍曰：「『佩』與『服』聲義皆相近。」〔註16〕《荀子·大略》「蘭茝、藁本，漸於蜜醴，一佩易之」，正作本字。以《荀》證《荀》，則讀服作佩，可以無疑矣。《淮南子·人間篇》：「申茱、杜茝，美人之所懷服也，及漸之於滫〔註17〕，則不能保其芳矣。」服亦讀作佩。②《呂氏春秋·孟春紀》「服青玉」，《淮南子·時則篇》「服蒼玉」，二書高誘注並云：「服，佩也。」朱駿聲說《呂氏春秋》服訓佩帶是本義之轉注，又說「或曰：借為佩，亦通」〔註18〕，其後說是也，服、佩是聲訓。《御覽》卷18引《尚書考靈曜》「佩蒼璧」，又引注：「蒼佩（當乙作「佩蒼」）玉以象德也。」正作本字。③《山海經·西山經》：「瑾瑜之玉為良……天地鬼神，是食是饗。君子服之，以禦不祥。」郭璞注：「今徼外出金剛石，石屬而似金，有光彩，可以刻玉，外

〔註14〕《北山經》：「有鳥焉……名曰鶹，其音如鵲，食之已腹痛，可以止衕。」郭璞注：「治洞下也。音洞。」朱駿聲曰：「衕，叚借為洞。」朱駿聲《說文通訓定聲》，武漢市古籍書店1983年版，第35頁。

〔註15〕「畏」字據《書鈔》卷152、《御覽》卷13、《事類賦注》卷3引補。

〔註16〕孫星衍《晏子春秋音義》卷下，收入《諸子百家叢書》，上海古籍出版社影印浙江書局本1989年版，第94頁。

〔註17〕「漸」據道藏本，景宋本形誤作「慚」。《玉篇殘卷》「滫」字條引作「浸」，又引許叔重注，蓋是許本。漸讀為濅，浸漬也。

〔註18〕朱駿聲《說文通訓定聲》，武漢市古籍書店1983年版，第223頁。

國人帶之，云辟惡氣，亦此類也。」郭璞《山海經圖贊·瑾瑜玉贊》:「鍾山之寶，爰有玉華。符彩流映，氣如虹霞。君子是佩，象德閑邪。」袁珂曰:「服謂佩帶也。」〔註19〕《禮記·玉藻》「世子佩瑜玉」，即所謂君子服瑾瑜之玉也。④睡虎地秦簡《日書》甲種:「冠、制車、折衣常、服帶，吉。」整理者曰:「服，《呂氏春秋·孟春紀》注:『佩也。』」〔註20〕銀雀山漢簡（一）《孫臏兵法·勢備》:「何以知劍之為陳（陣）也？旦莫（暮）服之，未必用也。」整理者曰:「《呂氏春秋·順民》『服劍臂刃』，高注:『服，帶也。』」〔註21〕張震澤曰:「服、佩古音同，《淮南子·說山》『君子服之』，注:『佩也。』」〔註22〕⑤《史記·萬石張叔列傳》:「上使取六劍，劍尚盛，未嘗服也。」《漢書·衛綰傳》同。吳國泰、楊樹達並讀服為佩〔註23〕。⑥《淮南子·修務篇》:「服劍者期於銛利，而不期於墨陽、莫邪。」《類聚》卷60引王粲《刀銘》:「君子服之，式章威靈。」

　　3.《山海經》中「佩」凡8見，除《海外西經》「佩玉璜」之「佩」讀如字指佩帶外，其餘7例均不讀如字，而應當讀作「服」，指服食、服用。上文引《周書·王會解》「佩之令人不昧」，《西山經》郭璞注易作本字「服」，《海內南經》郭璞注又易作同義詞「食」，均得其正解。①《南山經》:「有木焉……其名曰迷榖，佩之不迷。」又「有鳥焉……名曰灌灌，佩之不惑。」《中山經》:「有木焉……其名曰蒙木，服之不惑。」《西山經》:「其草多條……如嬰兒舌，食之使人不惑。」四例文例相同，「佩之」即是「服之」，亦即「食之」。②《南山經》:「麗𪩘之水出焉，而西流注于海，其中多育沛，佩之無瘕疾。」郭璞注:「育沛，未詳。瘕，蟲病也。」雖不詳「育沛」是何物，但出於麗𪩘之水中，要之或為魚類〔註24〕。《北山經》:「（決決之水）其中多人魚，其狀如䱱魚……食之無癡疾。」《御覽》卷938引「癡」同，《本草綱目》卷44引作「瘕」，《證類本草》卷20、《圖經衍義本草》卷31並引陶隱居說

〔註19〕袁珂《山海經校注》（最終修訂本），北京聯合出版公司2014年版，第38頁。
〔註20〕《睡虎地秦墓竹簡》，文物出版社1990年版2001年重印本，第182頁。
〔註21〕《銀雀山漢墓竹簡〔壹〕》，文物出版社1985年版，第63頁。
〔註22〕張震澤《孫臏兵法校理》，中華書局1984年版，第81頁。
〔註23〕吳國泰《史記解詁》第4冊，1933年成都居易簃叢著本，本冊第4頁。楊樹達《漢書窺管》，收入《楊樹達文集》之十，上海古籍出版社1984年版，第358頁。
〔註24〕章鴻劍說「『育沛』與『琥珀』音相近」，蓋未足信。章鴻劍《石雅寶石說》卷2，上海古籍出版社1993年版，第64頁。

「人魚，食之療癡疾」。王引之據《證類本草》改「癡」作「瘕」〔註25〕，是也，但王氏未說「癡」是誤字的理由。《中山經》：「（休水）其中多鰣魚……食者無蠱疾。」〔註26〕《說文》：「蠱，腹中蟲也。」瘕疾、蠱疾都指腹中蟲病。休水的鰣魚治蠱疾，決決之水中狀如鰣魚的人魚治瘕病，其理相同。足證「癡」是「瘕」誤字。「佩之無瘕疾」即是「食之無瘕疾」也。郝懿行曰：「蠱，疑惑也。癡，不慧也。其義同。」袁珂從其說〔註27〕。桂馥引《北山經》例以證《說文》「癡，不慧也」〔註28〕，汪維輝亦引此例以證「癡」為「愚笨」義〔註29〕。均失校矣。高國藩據《中山經》指出「『癡疾』為『蠱疾』之誤」〔註30〕，字形不近，高氏未得其字；且高氏把「蠱」理解為巫術之蠱毒，亦誤。劉衡如等校《本草綱目》改「瘕」作「癡」〔註31〕，翻其反而。③《南山經》：「有獸焉……其名曰鹿蜀，佩之宜子孫。」郭璞注：「佩謂帶其皮尾（毛）。」〔註32〕郭璞《山海經圖贊·鹿蜀贊》：「鹿蜀之獸，馬質虎文。驥首吟鳴，矯足騰群。佩其皮毛，子孫如雲。」獸不可言佩帶，郭氏讀佩如字，則增出「皮毛」以足其義，非是。《西山經》：「有木焉……其實如枳，食之宜子孫。」《中山經》：「其中有鳥焉，名曰鵁……食之宜子。」三例文例相同，「佩之」亦即「食之」。④《西山經》：「有草焉，名曰薰草……佩之可以已癘。」又「其草多條……食之已疥。」又「有鳥焉……其名曰肥遺，食之已癘。」又《北山經》：「其中多器酸，三歲一成，食之已癘。」《東山經》：「其中多珠鱉魚……其味酸甘，食之無癘。」五例文例相同，《山海

〔註25〕王引之《經義述聞》卷28，江蘇古籍出版社1985年版，第674頁。

〔註26〕《御覽》卷39引「蠱」脫誤作「蟲」。

〔註27〕郝懿行《山海經箋疏》，中華書局2019年版，第186頁。袁珂《山海經校注》（最終修訂本），北京聯合出版公司2014年版，第136頁。

〔註28〕桂馥《說文解字義證》，齊魯書社1987年版，第657頁。

〔註29〕汪維輝《東漢——隋常用詞演變研究》（修訂本），商務印書館2017年版，第327頁。

〔註30〕高國藩《中國民俗探微——敦煌巫術與巫術流變》，河海大學出版社1993年版，第458頁。

〔註31〕劉衡如、劉山永《本草綱目》（新校注本），華夏出版社2008年第3版，第1634頁。

〔註32〕據《圖贊》「尾」當作「毛」。《東山經》「有獸焉，其狀如夸父而彘毛」，《集韻》「羱」字條引「毛」作「尾」。《南山經》「其中有鱄魚，其狀如鮒而彘毛」，《文選·江賦》李善注引「毛」作「尾」。《中山經》「有鳥焉，其狀如鴞而一足彘尾」，《御覽》卷742引「尾」作「毛」。均其相譌之例。

經》中「食之已＋病名」的句式甚多。⑤《南山經》:「其中多玄龜……其名曰旋龜，其音如判木，佩之不聾。」《中山經》:「其中多彫棠……食之已聾。」二例文例相同，「佩之」即「食之」。以上均足證佩讀作服，訓作服食。⑥《南山經》:「有獸焉……其名曰猼訑，佩之不畏。」此例「佩」字亦讀作服。郭璞《山海經圖贊‧猼訑贊》:「猼訑似羊，眼反在背。視之則奇，推之無怪。若欲不恐，厥皮可佩。」郭氏解作佩帶，增出「皮」以足其義，殆非是。

　　附記：本文完成後，得見鄒濬智說，鄒氏亦讀佩為服，訓作服食。鄒濬智《〈山海經〉疑難字句新詮——以楚文字為主要視角的一種考察》，花木蘭文化出版社 2012 年版，第 69～71 頁。本文與鄒氏論證途徑不同，姑存之。作者謹記於 2021 年 8 月 31 日。

　　　　2020 年 12 月 22～12 月 25 日初稿，2021 年 7 月 15 日修改。

《莊子》「天倪」解詁

　　1. 胡海寶《說「天倪」》一文對《莊子》中的「天倪」一詞的解釋否定了郭象的舊說，提出了他個人的新見，他的主要觀點是：「兒」、「倪」、「婗」同源，「兒」字語源義是小孩啼哭。「倪」通「啼」，「天倪」意指「天然之音」〔註1〕。三年後，他又發表《「兒」字本義商兌》〔註2〕，此文換個角度，略補材料，其實只是前文的翻版而已。我認為，胡君二文推翻郭象舊注的結論不成立，說「天倪」是天的啼哭，指天然之音，甚是奇特，我未聞道家有此說法，胡君也未舉證。胡君二文引徵前人之說頗不完備，他立論過程中也有許多錯誤，下面就相關問題陳述己見並申證之。

　　2. 關於「嬰兒」的語源，胡海寶否定《說文》「兒，孺子也，從儿，象小兒頭囟未合」的說法，他認為「從『兒』字形上來看，似乎就暗含『啼哭』之意……我們將『兒』古字形解釋為像小兒張口露出細齒之貌」，又說「『兒』的命名當源於小孩啼哭，『倪』、『婗』的語源意當與之同。《釋名》：『人始生曰嬰兒，胸前曰嬰，抱之嬰前，乳養之也。或曰嫛婗。嫛，是也，言是人也。婗，其啼聲也。故因以名之也。』《釋名》很明確地指出『兒』的語源義是『啼哭』」〔註3〕。劉成國《釋名》的說法除了「婗，其啼聲也」是對的，其餘都錯。「婗」指啼聲，不是說「婗」就是「啼」的借字。「嬰兒」或作「嫛蜺」、「嫛婗」，音轉亦作「嬰婗」、「殹兒」、「鷖彌」、「嫛彌」、「嫛嫛」，即是

〔註1〕 胡海寶《說「天倪」》，《寧夏大學學報》2013年第5期，第24～27頁。
〔註2〕 胡海寶《「兒」字本義商兌》，《語文研究》2016年第4期，第62～64頁，又轉封面三。
〔註3〕 胡海寶《說「天倪」》，《寧夏大學學報》2013年第5期，第25～26頁。

《楚辭・卜居》的「咿呃」，俗作「咿（吚）呀」、「咿啊」，亦是「呀呀」的音轉，是小兒所發的聲音，故「嬰兒」用作小兒之稱。《冥通記》卷3：「人問何忽爾，亦為作呀鳴相答。」「呀鳴」亦是「咿啞」、「咿呀」轉語。許慎釋「兒」為孺子，此乃聲訓，自無問題，但許氏認為字形像小兒頭囟未合，則未得，指小孩的「兒」是借音擬聲詞，故唐人司空圖《障車文》有「牙牙學語」語，「牙牙」即「兒兒（音崖崖）」記音字〔註4〕。

3. 在《莊子》中有二篇出現了「天倪」一詞，今分列諸家說如下：

3.1.《莊子・齊物論》：「和之以天倪，因之以曼衍，所以窮年也。」

（1）郭象注：「天倪者，自然之分也。」《玉篇》用郭注云：「倪，《莊子》云：『和之以天倪。』倪，自然之分也。」《廣韻》同。

（2）《釋文》：「倪，李音崔（崖）〔註5〕，徐音詣，郭音五底反，李云：『分也。』崔云：『或作霓，音同，際也。』班固曰『天研』。」李指李軌，徐指徐邈，郭指郭象，崔指崔譔〔註6〕。《集韻》本崔譔說云：「倪，極際也。」北宋賈善翔《南華真經直音》：「天倪，崖音，亦依字讀。」〔註7〕

（3）成玄英疏：「天，自然也。倪，分也。曼衍，猶變化。因，任也。窮，盡也。和以自然之分，任其無極之化，盡天年之性命。」林希逸、阮毓崧採崔

〔註4〕 參見蕭旭《「嬰兒」語源考》，收入《群書校補（續）》，花木蘭文化出版社2014年版，第2065～2084頁。辛棄疾《南鄉子》「兒」與「家、嗏、巴、那、些、賒、他」相叶，黃庭堅《醜奴兒》「兒」與「些、它、吵、嘛、家」相叶，魯國堯謂今南昌話中「小孩子」稱「細伢」，認為「兒」是辛棄疾居江西時以當地方音入韻所殘留的個別現象；汪維輝據魯說認為「兒」是口語中「伢」的訓讀字。我認為「兒」的古音就是「伢」，宋人方音猶有殘留。汪維輝《漢語史研究的對象和材料問題》，《吉林大學社會科學學報》2017年第4期，第162頁注②。

〔註5〕 盧文弨曰：「舊本『崖』訛『崔』，今據《大宗師篇》改正。」法偉堂、黃焯採其說。盧說是也，《續古逸叢書》之二影宋刊本《南華真經》、北大圖書館藏元刻《纂圖互注莊子》亦誤，日本藏宋本《莊子音義》正作「李音崖」。盧文弨《經典釋文考證・莊子音義上》，收入《叢書集成初編》第1186冊，中華書局1985年影印，第320頁。法偉堂《法偉堂經典釋文校記遺稿》，華東師範大學出版社2010年版，第712頁。黃焯《經典釋文彙校》，中華書局2006年版，第744頁。《日藏宋本莊子音義》（黃華珍編校），上海古籍出版社1996年版，第31頁。下引盧文弨、黃焯說同此。

〔註6〕 《經典釋文序錄》言《莊子》有「崔譔注十卷，二十七篇。郭象注三十三卷，三十三篇。李軌音一卷。徐邈音三卷。」

〔註7〕 賈善翔《南華真經直音》，收入《正統道藏》第16冊，文物出版社、上海書店、天津古籍出版社1988年影印，第2頁。

譔、成玄英二氏說〔註8〕。王先謙採成氏說〔註9〕。

（4）陸西星曰：「天倪者，天理自然之分，和之則分而不分矣。」〔註10〕

（5）黃生曰：「古人『計倪』一名『計研』，此即一音為開合。」〔註11〕

（6）盧文弨曰：「『倪』音近『研』，故『計倪』亦作『計研』。」黃焯採盧說。

（7）錢大昕曰：「『計倪，計研也。《吳越春秋》、《越絕書》有『計倪』，《史記·貨殖傳》：『乃用范蠡、計然。』徐廣曰：『計然名研。』《索隱》云：『《吳越春秋》謂之計倪，倪之與研是一人，聲相近而相亂耳。』按《莊子》『和之以天倪』，班固作『天研』，是『倪』與『研』通。」〔註12〕

（8）李賡芸曰：「『倪』、『研』音相通轉也。」〔註13〕

（9）宣穎曰：「倪，端也。人之造端皆為有心，天倪則無端矣。」〔註14〕

（10）羅勉道曰：「天者，自然之謂。倪者，端倪也。纔發端便出於自然之天，不待其顯著，此謂『和之以天倪』。」〔註15〕

（11）胡文英曰：「天倪者，天然之端倪也。」〔註16〕

（12）陸樹芝曰：「天倪，端倪之未露者，猶天籟也。」〔註17〕

（13）林雲銘曰：「調和之以天均，不參己意。」〔註18〕

（14）段玉裁曰：「《莊子》：『不知端倪。』借端為耑，借倪為題也。題者，物初生之題也。」〔註19〕馬其昶採段說〔註20〕。

〔註8〕阮毓崧《莊子集註》卷上，廣文書局1972年初版，第70頁。

〔註9〕王先謙《莊子集解》卷1，中華書局1987年版，第25頁。

〔註10〕陸西星（長庚）《南華真經副墨》卷1，萬曆六年刊本。

〔註11〕黃生《字詁》，黃生、黃承吉《字詁義府合按》，中華書局1954年版，第65頁。

〔註12〕錢大昕《聲類》卷3，收入《嘉定錢大昕全集》第1冊，江蘇古籍出版社1997年版，第124頁。

〔註13〕李賡芸《炳燭編》卷3，收入《叢書集成新編》第13冊，新文豐出版公司1985年版，第605頁。

〔註14〕宣穎《南華經解》卷2，收入《續修四庫全書》第957冊，上海古籍出版社2002年版，第432頁。

〔註15〕羅勉道《南華真經循本》卷3，收入《續修四庫全書》第956冊，上海古籍出版社2002年版，第135頁。

〔註16〕胡文英《莊子獨見》卷2，乾隆十六年三多齋刊本，本卷第10頁。

〔註17〕陸樹芝《莊子雪》卷2，嘉慶四年儒雅堂刊本。

〔註18〕林雲銘《莊子因》卷1，乾隆間重刊本，本卷第32頁。

〔註19〕段玉裁《說文解字注》，上海古籍出版社1981年版，第376頁。

〔註20〕馬其昶《莊子故》卷1，黃山書社1989年版，第20頁。

（15）朱駿聲曰：「倪，俾也。按：『俾』下云：『益也。』《莊子·齊物論》：『和之以天倪。』李注：『分也。』似與『益』義為近。段借為題，實為兒。《莊子·大宗師》：『不知端倪。』按耑者草之微始，兒者人之微始也。《齊物論》『天倪』亦同。」〔註21〕朱氏後說即從段說化出。

（16）章太炎曰：「段玉裁曰：『天倪、端倪皆借為題。《說文》：「耑，物初生之題也。」』案《天下篇》言『端崖』，則『倪』當借為『崖』，李音崔訓是也。作『天研』者，倪、崖、研皆雙聲。《知北遊篇》言『崖略』，崖者圻堮，略者經界，皆際義也。」〔註22〕劉咸炘、朱季海並從章說，朱氏又云：「班曰『天研』，李、崔『研』作『倪』、『霓』，並青、支對轉矣。」〔註23〕

（17）馬敘倫曰：「『天倪』與《大宗師篇》之『端倪』、《天下篇》之『端崖』不同。『倪』當從班固作『研』，疑紐雙聲相通借也。《說文》曰：『研，礦也。』天研猶言自然之礦。礦道回旋，終而復始，以論是非之初無是非也。《寓言篇》曰『天均者，天倪也』，可證。」〔註24〕沙少海採馬說〔註25〕。

（18）聞一多曰：「和，合也。倪（硯），磨石也。是古疑天如磨，故有『天倪』之稱。」〔註26〕聞氏又曰：「馬敘倫云云。案倪讀為硯，硯、研一字。」〔註27〕胡海寶亦引《說文》「研，礦也」說之，而未引馬、聞二氏說〔註28〕，不知何故？

（19）朱桂曜曰：「《寓言篇》云云，若倪訓分訓際，義均不合，當從班說作『研』。『研』或作『硯』，『硯』又變為『倪』耳。研當訓平，天研即天平，故曰『天均者，天倪也』。」〔註29〕

〔註21〕朱駿聲《說文通訓定聲》，武漢市古籍書店1983年版，第522頁。

〔註22〕章太炎《莊子解故》，收入《章太炎全集（6）》，上海人民出版社1980年版，第130頁。

〔註23〕劉咸炘《莊子釋滯》，收入《劉咸炘學術論集·子學編》上冊，廣西師範大學出版社2007年版，第235頁。朱季海《莊子故言》，中華書局1987年版，第22頁。

〔註24〕馬敘倫《莊子義證》卷2，收入《民國叢書》第5編，（上海）商務印書館1930年版，本卷第23頁。

〔註25〕沙少海《莊子集注》，貴州人民出版社1987年版，第33～34頁。

〔註26〕聞一多《莊子章句》，收入《聞一多全集》卷9，湖北人民出版社1994年版，第91頁。

〔註27〕聞一多《莊子義疏》，收入《聞一多全集》卷9，湖北人民出版社1994年版，第397頁。

〔註28〕胡海寶《說「天倪」》，《寧夏大學學報》2013年第5期，第27頁。

〔註29〕朱桂曜《莊子內篇證補》，（上海）商務印書館1935年版，第81頁。

（20）劉文典曰：「《寓言篇》曰『萬物皆種也，以不同形相禪，始卒若環，莫得其倫，是謂天均。天均者，天倪也』，是『天倪』即『天均』，亦即『天鈞』。」〔註30〕

（21）劉武曰：「韓愈《南海廟碑》：『乾端坤倪。』是『倪』與『端』同義。《寓言篇》『始卒若環，莫得其倫』，其義與《淮南・主術訓》之『運轉無端』同，言天鈞運轉若環，莫得其始卒之端也。故《寓言篇》繼之曰『是謂天均。天均者，天倪也』，與此處之『天倪』同。言世情恒分是非，以道言之，一出以和，而無是非之端，猶天均之運轉無端，故曰『和之以天倪』也。回應上文『樞始得其環中』及『聖人和之以是非而休乎天鈞』各句。」〔註31〕

（22）王叔岷曰：「《寓言篇》『和以天倪』，郭注亦釋為『自然之分』，李訓倪為分，與郭注合，亦是。分，謂分際也。作『天研』，乃漢時故本，最為可貴。」〔註32〕

3.2.《莊子・寓言》：「寓言十九，重言十七，巵言日出，和以天倪。」又「巵言日出，和以天倪，因以曼衍，所以窮年。」

（1）郭象注：「日出謂日新也。日新則盡其自然之分，自然之分盡則和也。」

（2）《釋文》：「倪，音崖，徐音詣。」〔註33〕

（3）成玄英疏：「和，合也。天倪，自然之分也。」王先謙、阮毓崧、沙少海並採成氏說〔註34〕。北宋陳景元《章句音義》卷14：「天倪：音崖。成云：『自然之分也。』」〔註35〕

〔註30〕劉文典《莊子補正》，收入《劉文典全集（2）》，安徽大學出版社、雲南大學出版社1999年版，第86頁。

〔註31〕劉武《〈莊子集解〉內篇補正》，中華書局1987年版，第71頁。

〔註32〕王叔岷《莊子校詮》卷1，中央研究院歷史語言研究所專刊之八十八，1988年版，第92頁。

〔註33〕《經典釋文》據北圖藏宋元遞修本，通志堂本「崖」誤作「宜」，日藏宋本誤作「崔」。《日藏宋本莊子音義》（黃華珍編校），上海古籍出版社1996年版，第238頁。盧文弨、黃焯並失校。盧文弨《經典釋文考證・莊子音義上》，收入《叢書集成初編》第1186冊，中華書局1985年影印，第333頁。黃焯《經典釋文彙校》，中華書局2006年版，第814頁。

〔註34〕王先謙《莊子集解》卷7，中華書局1987年版，第245頁。阮毓崧《莊子集註》卷下之一，廣文書局1972年初版，第445頁。沙少海《莊子集注》，貴州人民出版社1987年版，第294頁。

〔註35〕陳景元《南華真經章句音義》卷14，收入《正統道藏》第15冊，文物出版社、上海書店、天津古籍出版社1988年影印，第947頁。

（4）鍾泰曰：「倪，小兒也。天機之動，于小兒為能見之。」〔註36〕

（5）胡懷琛曰：「按『天倪』《莊子》自有注解，下文曰『以不同形相禪，始卒若環，莫得其倫，是謂天均。天均者，天倪也』，謂『天均』為『天倪』，則『天倪』即『天均』矣。」〔註37〕

（6）王叔岷曰：「和猶順也。以猶其也。此謂立言之態度。渾圓之言不主故常，順其自然之分而已。」〔註38〕

4. 上列各說，我的判斷如下：

4.1. 郭象、李軌、崔譔、成玄英等訓倪為分、際，是也。「倪」字李軌音崖，即讀為崖，本字作「厓」。《說文》：「厓，山邊也。」引申之，則為邊際之義，後出字作「崖（嵯）」。「涯（溰）」為水際，「睚」為目際（字或作睚、痐），與「崖」同源，皆「厓」後出分別字。《宋書・謝靈運傳》《山居賦》自注云：「莊周云：『和以天倪。』倪者，崖也。」謝靈運與李軌皆東晉人，謝氏亦以「崖」釋之也。

4.2. 班固作「天研」者，「研」是「倪」音變字，顏師古、司馬貞、盧文弨、錢大昕、李賡芸、章太炎等說皆是也，王叔岷謂班固作「天研」乃漢時故本，非是。《史記・貨殖傳》《集解》徐廣引諺曰：「研、桑心筭。」《漢書》同《史記》，顏師古注：「計然一號計研，故《戲賓（答賓戲）》曰：『研、桑心計於無垠。』即謂此耳。《吳越春秋》及《越絕書》並作『計倪』，此則『倪』、『研』及『然』聲皆相近，實一人耳。」蔡邕《篆勢》：「研、桑不能數其詰屈。」是漢人固以「研」為「倪」也。「研」、「倪」疑母雙聲，「开」聲字古分為二系，一為元部，一為支部。元部細音可能與支部相通。敦煌馬圈灣漢簡第639簡《蒼頡篇》：「賈闌鄧難，季偃田硯。」「硯」即「研（硯）」，硯、偃、闌、難元部押韻。「天研」的研當屬支部。「开」聲字屬支部的例子有：《說文》：「妍，讀若攜手。」《繫傳》：「妍，起迷反。」《玉篇》：「妍，去倪、胡圭二切也。」上博簡（二）《容成氏》簡14：「舜於是乎始免萰（笠）开檽（耨），萋（芟）价（芥）而坐之。」牛新房讀开為攜〔註39〕。《莊子・齊物

〔註36〕鍾泰《莊子發微》卷4，上海古籍出版社2002年版，第650頁。

〔註37〕胡懷琛《莊子集解補正》，收入《叢書集成續編》第39冊，新文豐出版公司1988年印行，第128頁。

〔註38〕王叔岷《莊子校詮》卷4，中央研究院歷史語言研究所專刊之八十八，1988年版，第1091頁。

〔註39〕牛新房《楚竹書〈容成氏〉補議》，《中國歷史文物》2010年第4期，第75頁。

論》《釋文》：「枅，音雞。」《儀禮·士冠禮》《釋文》：「笄，音雞。」《禮記·問喪》：「親始死，雞斯徒跣。」鄭玄注：「雞斯，當為『笄纚』，聲之誤也。」《釋文》：「依注，為『笄纚』，笄音古兮反。」《史記·五帝本紀》：「登雞頭。」《正義》引《括地志》作「笄頭山」，又引《輿地志》云「或即雞頭山也」。《呂氏春秋·季夏紀》、《淮南子·說林篇》高誘注並云：「蚈讀如蹊徑之蹊。」《淮南子·時則篇》高誘注：「蚈，音谿。」諸字皆從幵得聲，屬支部，故讀如「攜」、「雞」、「蹊（谿）」也。《周禮·夏官·司馬》：「右祭兩軹。」鄭玄注：「故書軹為軒……（杜子春）又云：『軒當作軹，軹謂兩轊也……或讀軒為簪笄之笄。』」《釋文》：「軒，劉音雞。」「軒」當從幵得聲，「軹」屬支部。此亦其例〔註40〕。「齞」或作「齭」，亦其比。支部、脂部音近，故「幵」聲字又讀為脂部。銀雀山漢簡《勢（設）備》簡350：「笄作弓弩，以埶（勢）象之。」〔註41〕整理者讀笄為羿〔註42〕，塙不可移。「羿」字亦作「䎳」、「羿」，屬脂部。《說文》：「䎳，帝嚳射官，夏少康滅之。《論語》曰：『䎳善射。』」又「羿，一曰射師。」今《論語·憲問》作「羿善射」。「開」、「启（啟）」同源〔註43〕，「開」從幵得聲，「启（啟）」屬支部或脂部〔註44〕。王引之曰：「『研』亦『計然』之合聲。」石光瑛從其說〔註45〕，茲所不取。

5.「倪」字讀為厓（崖），其相通之證甚多，無可懷疑。胡海寶謂「章太炎以雙聲來勾連『倪』、『崖』與『研』的關係，我們持保留意見」〔註46〕，胡君隔於古音，失考文獻，疑所不當疑者。「研」、「倪」音轉已詳上文，下面舉「倪」、「崖」相轉的證據。

又見牛君《戰國竹書研究方法探析》，華南師範大學 2010 年博士學位論文，第 99 頁。

〔註40〕上二例承孟蓬生教授檢示，謹致謝忱。

〔註41〕「勢備」讀為「設備」，參見裘錫圭《再談古文獻以「埶」表「設」》，收入《裘錫圭學術文集》卷 4，復旦大學出版社 2012 年版，第 487 頁。

〔註42〕《銀雀山漢墓竹簡〔壹〕》，文物出版社 1985 年版，第 63 頁。

〔註43〕參見王力《同源字典》，商務印書館 1997 年版，第 413 頁。

〔註44〕江有誥「启」歸入支部，王力、郭錫良「啟」歸入脂部。江有誥《江氏音學十書·廿一部諧聲表》，收入《續修四庫全書》第 248 冊，上海古籍出版社 2002年影印，第 244 頁。王力《同源字典》，第 413 頁。郭錫良《漢字古音手冊》，北京大學出版社 1986 年版，第 74 頁。

〔註45〕石光瑛《新序校釋》，中華書局 2001 年版，第 853 頁。王引之說見《春秋名字解詁》，收入《經義述聞》卷 23，江蘇古籍出版社 1985 年版，第 555 頁。

〔註46〕胡海寶《說「天倪」》，《寧夏大學學報》2013 年第 5 期，第 25 頁。

（1）《莊子・秋水》：「由此觀之，又何以知豪末之足以定至細之倪！又何以知天地之足以窮至大之域！」《釋文》：「倪，五厓反，徐音詣，郭五米反。」朱季海曰：「倪、輗共氏，明倪亦崉也。下云『知是非之不可為分，細大之不可為倪』，又曰『惡至而倪貴賤，惡至而倪小大』，是倪又與分為對文。《齊物論》言『天倪』，李、郭並以為分也，五佳反，正讀如崖，與李音合。」〔註47〕王叔岷曰：「章太炎云：『倪借為儀，度也。』倪讀為崖，倪與域對言，倪猶崖也。章謂倪借為儀，於義殊晦。」〔註48〕「細大之不可為倪」二句，成玄英疏：「各執是非，故是非不可為定分；互為大小，故細大何得有倪限。」「倪限」即「崖垠」。

（2）《莊子・馬蹄》：「夫加之以衡扼，齊之以月題，而馬知介倪、闉扼、鷙曼、詭銜、竊轡。」《釋文》：「介，徐古八反。倪，徐五佳反〔註49〕，郭五第反。李云：『介倪，猶睥睨也。』崔云：『介出俾倪也。』」朱駿聲曰：「介，叚借為齘。介倪，按齘輗也。注『睥睨』，非是。」〔註50〕孫詒讓曰：「倪即輗之借字。《說文》：『輗，大車〔轅〕崉持衡者。』」〔註51〕輗取義於轅崉，是古音當讀五厓反也。

（3）《莊子・人間世》晉郭象注：「但生痌疷以相對之。」《釋文》：「痌，疑賣反。疷，士賣反。」《集韻》：「痌，痌疷，恨也。」又「疷，痌疷，恨

〔註47〕朱季海《莊子故言》，中華書局 1987 年版，第 80 頁。

〔註48〕王叔岷《莊子校詮》卷 3，中央研究院歷史語言研究所專刊之八十八，1988 年版，第 593 頁。

〔註49〕《經典釋文》據日藏宋本、北圖藏宋元遞修本，通志堂本「佳」作「圭」。黃焯校云：「圭，景宋本同；宋本作『佳』，敦煌本同。案《廣韻》『圭』、『倪』同在十二齊，而《集韻》、《類篇》『倪』又有宜佳一切，則作『圭』作『佳』皆是，唯據敦煌本作『佳』，則《釋文》原本當亦作『佳』也。」陸志韋據段玉裁《校記》及《集韻》，校「圭」作「佳」。黃焯所謂敦煌本，卷號是 P.3602，王重民考定為《經典釋文・莊子音義》殘卷，許建平考定為徐邈《莊子集音》殘卷。《日藏宋本莊子音義》（黃華珍編校），上海古籍出版社 1996 年版，第 91 頁。黃焯《經典釋文彙校》，中華書局 2006 年版，第 764 頁。陸志韋《古反切是怎樣構造的》，《中國語文》1963 年第 5 期，第 368 頁。許建平《P.3602 殘卷作者考》，《文史》第 40 輯，1994 年版，第 177～183 頁；又收入《敦煌文獻叢考》，中華書局 2005 年版，第 243～257 頁，文末附記說日本人小島祐馬亦考定為《莊子音》。又張金泉、許建平《敦煌音義匯考》，杭州大學出版社 1996 年版，第 362 頁。

〔註50〕朱駿聲《說文通訓定聲》，武漢市古籍書店 1983 年版，第 663 頁。

〔註51〕孫詒讓《莊子札迻》，收入《札迻》卷 5，齊魯書社 1989 年版，第 156 頁。原引脫「轅」字，茲據《說文》補。

也。」盧文弨曰：「痬疵，蓋讀與『睚眦』同。」〔註52〕朱起鳳曰：「痬讀疑賣反，疵讀士賣反，即為『睚眦』之叚。」〔註53〕二氏說是也，《集韻》：「睚，或作睚、瞶、痬、厓。」又「眦，或作疵。」可知「痬疵」即「睨眦（睨眥）」，與「睚眦」同字，「痬」、「睚」同音。《玄應音義》卷13：「睚眦：吾懈、魚計二反。經文作睨，五悌反，邪視也，睨非此義。」《慧琳音義》卷55同。玄應、慧琳未達通借，以「睨」為誤字，非也。《佛說㮈女祇域因緣經》卷1：「恒苦瞋恚，睚眥殺人。」宮本作「睨眥」，《經律異相》卷31引同。相同文字亦見《佛說奈女耆婆經》卷1，明本作「睚眥」，宋、元本作「睨眥」。

（4）《莊子・大宗師》：「不知端倪。」《釋文》：「端倪，本或作况，同，音崖。徐音詣。」「況」同「倪」，讀音崖是也。《集韻》：「倪，宜佳切，極際也。《莊子》：『不知端倪。』或作況。」《莊子・天下》：「荒唐之言，無端崖之辭。」《史記・司馬相如傳》《上林賦》：「視之無端，察之無崖。」《漢書》「崖」作「涯」。漢・馬融《廣成頌》：「天地虹洞，固無端涯。」段玉裁、朱駿聲讀倪為題、兒〔註54〕，馬敘倫從朱說〔註55〕，並失之。

（5）《淮南子・要略篇》：「《氾論》者，所以箴縷綜繁之間，攗（攟）挍呢齬之郄也。」許慎注：「呢齬，錯梧（牾）也。」呢讀為齖。「呢齬」即「齖齬」、「齖齬」，齒不正，故許氏訓為錯牾也。

（6）《荀子・富國篇》：「拊循之，呢嘔之。」楊倞注：「呢嘔，嬰兒語聲也。呢，於佳反。嘔，與『謳』同。」P.2016《大唐刊謬補闕切韻》：「呢，嘔呢。」《玉篇》：「呢，乙佳切，呢嘔，小兒語也，亦作哇，又音兒。」《廣韻》：「呢，於佳切，呢嘔，小兒言也。」《潛夫論・實貢》：「皆舍實聽聲，嘔哇之過也。」「嘔哇」即「嘔呢」，語不正也。《莊子・大宗師》《釋文》引簡文云：「哇，嘔也。」裴務齊《正字本刊謬補缺切韻》：「呢，嘔〔也〕。」

（7）清華簡（三）《芮良夫毖》簡4：「此心目亡（無）亟（極），富而亡（無）況。」整理者曰：「況，典籍或作倪。《莊子・大宗師》：『不知端倪。』《釋文》：

〔註52〕盧文弨《經典釋文考證・莊子音義上》，收入《叢書集成新編》第3冊，新文豐出版公司1985年版，第317頁。

〔註53〕朱起鳳《辭通》卷18，上海古籍出版社1982年版，第1899頁。

〔註54〕段玉裁《說文解字注》，上海古籍出版社1981年版，第376頁。朱駿聲《說文通訓定聲》，武漢市古籍書店1983年版，第522頁。

〔註55〕馬敘倫《莊子義證》卷6，收入《民國叢書》第5編，商務印書館中華民國19年版，本卷第17頁。

『倪，本或作況。』《集韻》：『倪，或作況。』《莊子·齊物論》：『何謂和之以天倪。』《釋文》引崔譔云：『倪，際也。』」〔註56〕整理者得其義矣，而於字尚隔一間，未探其本。況當讀為匡，故「況」得訓際也。《集韻》：「況，水際也。」《韓子·說林下》：「桓公問管仲：『富有涯乎？』答曰：『水之以涯，其無水者也。富之以涯，其富已足者也。人不能自止於足而亡，其富之涯乎？』」正作「涯」字。《莊子》、《淮南子》多楚語，其書「倪」、「況」、「霓」、「呢」皆楚音之存。荀子廢老蘭陵，不排除《荀子》用吳楚語。後世則進入通語，蓋南方方言之流傳也。「亡況」即《莊子·天下》「無端崖」，猶言「無崖際」，固無疑也〔註57〕。

（8）《左傳·宣公二年》：「宣子驟諫，公患之，使鉏麑賊之。」《國語·晉語五》同，《說苑·立節》作「鉏之彌」，《呂氏春秋·過理》作「沮麛」，《漢書·古今人表》作「鉏麛」。「麑」、「彌」、「麛」音轉讀如崖。「鉏麑」、「鉏彌」、「沮麛」即「鉏牙」、「櫨牙」音轉，亦轉作「鉏吾」、「鉏鋙」、「齟齬」、「鉏鋤」等形〔註58〕。「鉏麑」為人名，蓋得名於牙齒參差不齊。

（9）《孟子·滕文公下》：「他日歸，則有饋其兄生鵝者，己頻顣曰：『惡用是鶃鶃者為哉？』」趙岐注：「鶃鶃，鵝鳴聲。」《釋文》：「鶃，五歷切，鵝也。」焦氏《正義》引阮元曰：「五歷切與鵝鳴聲不相似，蓋《孟子》書本作『兒』，如今人之讀小兒，與鵝聲相近也。俗人加鳥作『鶃』，則為《說文》『六鶃』字。」〔註59〕黃生曰：「注：『鶃，魚乙切。』與『逆』同音，此誤也。鵝豈作如此聲乎？予謂當音『捱』去聲，蓋鶃與倪同從兒，《莊子》：『和以天倪。』注音涯，則鶃字亦可呼捱去矣。捱去正鵝聲也。」〔註60〕黃

〔註56〕 李學勤主編《清華大學藏戰國竹簡（叁）》，中西書局2012年版，第149頁。
〔註57〕「涴」別是一字，與「況」無關。《大般涅槃經》卷4：「涴濯縫治。」宋、元本「涴」作「澣」。「涴」當是「浣」形譌，古寫本「完」、「兒」形近易譌。「浣」異體字作「瀚」，「澣」是「瀚」俗字。《說文》：「瀚，濯衣垢也。浣，瀚或從完。」《佛本行經》卷1：「以清淨法水，勤加浣濯心。」《慧琳音義》卷74所據本作「澣濯」，解云：「澣濯：《毛詩傳》云：『澣亦濯也。』劉兆注《公羊傳》：『去垢曰澣。』經文作涴，俗字也。或誤作浣，非也。」「涴」、「浣」二字當互易，當作「經文作浣，俗字也。或誤作涴，非也」。「涴」亦形譌字。《慧琳音義》卷77、82並云「浣」是「澣」俗字。徐時儀《一切經音義三種校本合刊》失校，上海古籍出版社2008年版，第1807頁。
〔註58〕 參見蕭旭《「齟齬」考》，收入《群書校補（續）》，花木蘭文化出版社2014年版，第2383～2396頁。
〔註59〕 焦循《孟子正義》卷13，中華書局1987年版，第469頁。
〔註60〕 黃生《義府》卷上，黃生、黃承吉《字詁義府合按》，中華書局1954年版，第144頁。

說是，孟子以䴉鳴「䴉䴉」代稱䴉。《淮南子・原道篇》：「烏之啞啞，鵲之喳喳。」烏鳴啞啞，鵲鳴喳喳，故稱作「鴉」、「鵲」，正是其比。「䴉」之為「䴉」，猶「倪」之為「娥」也，亦猶「吾」之為「我」也〔註61〕。《孟子》陳仲子為齊人，其讀「䴉䴉」音捱去聲，是其時楚音或已傳入齊地矣。

（10）《孟子・梁惠王下》：「王速出令，反其旄倪。」趙岐注：「旄，老耄也。倪，弱小倪倪者也。」孫奭《音義》：「旄倪，丁云：『上音耄，下音齯，老也。』詳注意，倪謂繄倪小兒也。」孫氏《疏》云：「釋云耄齯，案《爾雅》云：『黃髮、倪齒，壽也。』然則趙注云『倪，弱小』，非止幼童之弱小，亦老之有弱小爾。」「倪」當音雅，「倪倪」猶言呀呀，「繄倪」猶言咿呀，亦是「呀呀」的音轉，正狀小兒之發聲，而非「齯齒」之齯，丁公著、孫奭二氏說非也。段玉裁曰：「《孟子》『反其旄倪』，借為『嬰婗』之婗也。」〔註62〕朱駿聲曰：「倪，叚借為婗，實為兒。」〔註63〕

（11）《玉篇殘卷》：「䛼，女佳反，《埤蒼頡》：『詀䛼，言不正也。』」〔註64〕又「詃，《埤蒼》：『詃謣，詀䛼也。』」《玉篇》：「婗，婗㑳，詀䛼也，亦作詃。」敦煌寫卷 P.2011 王仁昫《刊謬補缺切韻》：「婗，婗㑳，詀䛼。」《集韻》：「䛼，《埤倉》：『詀䛼，言不正。』」《廣韻》「䛼」、「掜」、「掜」並音妳佳切，《集韻》「䛼」、「掜」、「掜」、「䏶」並音居佳切。此皆從「兒」之字讀「崖」之證。《莊子・天下》：「謑髁無任。」《釋文》：「謑髁，訛倪不正貌。」訛，讀為閜，俗作歪。倪、䛼，讀為衺（斜）。「訛倪」即「歪斜」。

（12）《玄應音義》卷20：「呃掘：上乙佳反。」《可洪音義》卷23：「呃掘：上於街反。」

（13）《文子・道原》「遠淪無涯」，唐・默希子注：「涯，音宜。」

6.《莊子・寓言》曰：「萬物皆種也，以不同形相禪，始卒若環，莫得其倫，是謂天均。天均者，天倪也。」「天均」即「天鈞」，比喻大自然的循環往復、無有終始。「天均者，天倪也」是比況之辭，不是訓詁。所言天均「始卒若環」，劉武說與《淮南・主術篇》「運轉無端」同義，是也，亦即《淮南子・原道篇》所謂「鈞旋轂轉，周而復帀」也。高誘注：「鈞，陶人作瓦器，法下

〔註61〕《詩經・車攻》：「我車既攻，我馬既同。」秦《石鼓文》：「避車既工，避馬既同。」「避」即「吾」，乃「我」音轉。
〔註62〕段玉裁《說文解字注》，上海古籍出版社1981年版，第376頁。
〔註63〕朱駿聲《說文通訓定聲》，武漢市古籍書店1983年版，第522頁。
〔註64〕「頡」當是衍字。

轉旋者。」《莊子・齊物論》：「是以聖人和之以是非而休乎天鈞。」〔註65〕郭象注：「莫之偏任，故付之自均而止也。」《釋文》：「鈞，本又作均。崔云：『鈞，陶鈞也。』」成玄英疏：「天均者，自然均平之理也。」崔譔說是，郭、成二氏說皆誤。「鈞（均）」指治陶器者所用的轉輪。《齊物論》「和之以天倪」，《寓言》「和以天倪」，皆是「和之以是非而休乎天鈞」之誼。和，和合、調和，成玄英、林雲銘說是也。所和者是「是非」，不是「天倪」。「以」是介詞。王叔岷謂「和猶順也，以猶其也」是錯誤的。《齊物論》解釋說：「何謂和之以天倪？是不是，然不然。是若果是也，則是之異乎不是也亦無辯；然若果然也，則然之異乎不然也亦無辯。」「是不是，然不然」即是「和之以是非」的確詁。「和之以天倪」謂順其自然，忘其是非，而休止於自然之分界也。劉武說近之〔註66〕。

7. 下面附帶對胡海寶《「兒」字本義商兌》一文的觀點擇要作些辨駁。

7.1. 胡海寶說「『兒』當為『齯』字的初文，像人牙齒稀疏之貌」，這個說法是錯誤的。王念孫曰：「凡物之小者謂之倪。嬰兒謂之婗，鹿子謂之麑，小蟬謂之蜺，老人齒落更生細齒謂之齯齒，義並同也。」〔註67〕王說是也，「兒」讀崖音，乃擬小兒語聲之詞，因用作小兒之稱，俗製分別字作「倪」、「婗」，又作「妮」。小鹿為麑（麛、麑、猊），小孩為倪，小蟬為蜺，其義一也。老人齒稱「齯」者，謂老人牙齒掉落後更生細小如小兒之齒，語源義仍取小兒之義，故「齯齒」又作「兒齒」。「齯」亦「兒」分別字。

7.2. 胡海寶又說「『兒齒』或又作『歷齒』。『歷』之本字當為『秝』，日、來旁紐，支錫對轉」，音轉雖問題不大，但「兒齒」與「歷齒」所指不同，不得濫說音轉。

7.3. 胡海寶又說「《莊子・應帝王》篇中謂『王倪』是『齧缺』的老師。『齧缺』意含齒缺，則『王倪』當與此相關照，『齒缺』意義似乎也暗含其中。這也可作為『兒』字與『牙齒稀疏』義相關的一個佐證」，胡君此說也

〔註65〕高亨乙作「是以聖人和之以天鈞而休乎是非」，未是。《淮南子・俶真篇》「休于天鈞而不硋」，正本《莊子》。高亨《莊子新箋》、《莊子今箋》，並收入《高亨著作集林》卷6，清華大學出版社2004年版，第61～62、332頁。

〔註66〕關於「天倪」的哲學意蘊，可以參看晁福林《讀〈莊子・寓言篇〉札記》，《雲南社會科學》2001年第5期，第85頁。

〔註67〕王念孫《廣雅疏證》，收入徐復主編《廣雅詁林》，江蘇古籍出版社1992年版，第505頁。

牽附之至。《莊子·天地》謂「王倪」是「齧缺」的老師，「被衣」是「王倪」的老師，胡君失檢篇名。弟子齧缺取義於齒缺，其師「王倪」的命名何得也與之關照？《莊子》無此文例。如依胡君說，則不知「被衣」取名是何義理？據我的考察，「王倪」猶今言王伢也（《魏書·鄭羲傳》「貴賓異母弟大倪、小倪」，指大伢、小伢），「倪（伢）」是小兒之稱，今俗尚然。與春秋古人名「孔牙」、「呂牙」、「伯牙」（一作「百牙」）、「狄牙」（一作「易牙」）〔註68〕、「鮑叔牙」、「東郭牙」、「董梧」、「肩吾（陸吾）」、「呂吾」（見里耶秦簡12-2301）〔註69〕、「楊吾」（見漢印）、「潘吾」（見漢印）〔註70〕、「薄吾」（見《史記·扁鵲倉公列傳》）、「徐吾」、「李吾」（見《列女傳》卷6）同例，「倪（兒）」與「牙」、「吾（梧）」一聲之轉。古人質樸，徑以「牙」為名字，晉人「程嬰」，齊相「晏嬰」，靖郭君「田嬰」，《史記·陳涉世家》符離人「葛嬰」，《漢書》「竇嬰」，《列女傳》卷8棠邑侯「陳嬰」，秦印中人名多以「嬰」為名字〔註71〕，其義一也。《公羊傳·昭公二十五年》：「夏，叔倪會晉趙鞅。」《穀梁傳·昭公二十九年》：「夏四月庚子，叔倪卒。」「叔倪」之名，當亦取此誼，即「叔牙」也。「伯牙」、「叔牙」猶言大娃兒、三娃兒也。S.525《搜神記》：「公明問之：『兒何姓字？』少年答曰：『姓趙名顏子。』」「兒」即「少年」，猶言伢子。

本文發表於浸會大學《學燈》第3輯，2020年出版，第117～126頁。

〔註68〕 易，讀作剔，俗作劓，省作狄。《廣雅》：「劓，屠也。」P.2011王仁昫《刊謬補缺切韻》：「剔，解骨，亦作鬎、愁、劓。」易牙，猶言屠兒。
〔註69〕 《里耶秦簡博物館藏秦簡》，中西書局2016年版，第138頁。
〔註70〕 羅福頤《增訂漢印文字徵》，紫禁城出版社2010年版，第61頁。
〔註71〕 參見劉釗《關於秦印姓名的初步考察》，收入《書馨集——出土文獻與古文字論集》，上海古籍出版社2013年版，第233～234頁。

《莊子》「練實」解詁

1.《莊子・秋水》:「南方有鳥,其名鵷鶵⋯⋯非梧桐不止,非練實不食,非醴泉不飲。」《釋文》引李頤曰:「鵷鶵,鸞鳳之屬也。」「鵷鶵」亦省文作「宛雛」,是鳳鳥之屬。至於「練實」,郭象無注,舊說云:

(1) 唐人成玄英疏:「練實,竹實也。」

(2) 宋人趙彥材曰:「練實,謂竹實之白如練也。」〔註1〕明人田藝蘅曰:「竹實色白,故名曰練實。」〔註2〕

(3) 宋人毛晃、毛居正《增修互註禮部韻略》卷4:「練,木名,與『楝』同。」清人毛奇齡曰:「楝,木名,鵷雛食其實。『練』、『楝』同。」〔註3〕清人莊履豐等曰:「練實,楝實。」〔註4〕清人朱珔曰:「《莊子》以『練』為『楝』之假借。」〔註5〕清人錢坫曰:「楝,木名。《莊子》『非練實不食』,又通用『練』。」〔註6〕民國武延緒曰:「《淮南子・時則訓》『其樹楝』,注:『楝實,鳳凰所食。』疑此所謂『練實』即『楝實』也。『練』乃『楝』之借

〔註1〕 郭知達輯《九家集注杜詩》卷31引趙氏說,收入景印文淵閣《四庫全書》第1068冊,臺灣商務印書館1986年初版,第559頁。

〔註2〕 田藝蘅《留青日札摘抄》卷3,收入《叢書集成初編》第2918冊,中華書局1985年影印,第193頁。

〔註3〕 毛奇齡《古今通韻》卷10,毛說又見《西河集》卷183,分別收入景印文淵閣《四庫全書》第242、1321冊,第215、878頁。

〔註4〕 莊履豐、莊鼎鉉《古音駢字續編》卷5,收入景印文淵閣《四庫全書》第228冊,第522頁。

〔註5〕 朱珔《說文假借義證》,黃山書社1997年版,第315頁。

〔註6〕 錢坫《說文解字斠詮》卷6,收入《續修四庫全書》第211冊,上海古籍出版社2002年版,第595頁。

字。」〔註7〕

（4）馬敘倫曰：「《類聚》卷88、《初學記》卷28、《御覽》卷911、915、956、《文選·絕交書》注引『練』作『竹』。《御覽》卷963引同此，並引注曰：『練實，竹實，取其潔白。』」〔註8〕《御覽》卷962引此文（非卷963），《類聚》卷89、《事類賦注》卷24引同，馬氏失檢〔註9〕。

（5）劉文典曰：「練實，《類聚》卷88、《初學記》卷28、《文選·與山巨源絕交書》注、《御覽》卷911、915、956引並作『竹實』。惟《御覽》卷962引作『練實』，與今本同，又引注云：『練實，竹實也，取其絜白。』蓋唐代固有異本，或作『竹』，或作『練』也。惟《北史·彭城王勰傳》作『竹實』，則作『竹』者為近古。」〔註10〕

（6）鍾泰曰：「『練』同『楝』，今謂之苦楝，其實如小鈴，可用以練絲，故謂之練。《淮南子·時則訓》『七月，其樹楝』，高誘注云『其（楝）實鳳皇所食』，是也。成疏以練實為竹實，注家多從之，非也。」〔註11〕鍾說蓋本於《爾雅翼》卷9（引見下文）及武延緒說。

（7）高亨曰：「武延緒云云，此說是也。更考《淮南子》高注云：『楝讀練染之練也。』其讀本於《莊子》甚明，其證一也。《廣韻》：『楝，木名，鶹鶒食其實。』其言本於《莊子》甚明，其證二也。王禎《農書》：『楝，鶹鶒食其實。』其言亦本於《莊子》甚明，其證三也。然則讀練為楝，由來久矣。」〔註12〕

（8）王力等曰：「舊注『練實，竹實』（成玄英說）。未詳。」〔註13〕

〔註7〕 武延緒《莊子札記》卷2，永年武氏壬申歲刊所好齋札記本（民國21年刊本），本卷第29頁。景宋本《淮南子》「楝」作「楝」，「練」作「練」，均形近致誤，《玉燭寶典》卷7引不誤。

〔註8〕 馬敘倫《莊子義證》卷17，收入《民國叢書》第5編，（上海）商務印書館1930年版，本卷第14頁。

〔註9〕 李林點校本《莊子義證》「《初學記》二八」誤作「《初學記》二作」，又「《御覽》卷963」未曾檢正作「《御覽》卷962」，收入許嘉璐主編《馬敘倫全集》，浙江古籍出版社2019年版，第389～390頁。

〔註10〕 劉文典《莊子補正》卷6，收入《劉文典全集（2）》，安徽大學出版社、雲南大學出版社1999年版，第488頁。

〔註11〕 鍾泰《莊子發微》卷3，上海古籍出版社2002年版，第392頁。

〔註12〕 高亨《莊子新箋》，高氏《莊子今箋》說同，並收入《高亨著作集林》卷6，清華大學出版社2004年版，第89、369頁。

〔註13〕 王力主編《古代漢語》第2冊（校訂重排本），中華書局1999年第3版，第396頁。

（9）何善周曰：「『練實』當改為『竹實』，竹子結的實。成疏：『練實，竹實。』練實是竹實，不見它書記載，不足憑信。《讀莊札記》說『疑此所謂練實即楝實也』（引者按：即武延緒說）……楝實並非罕見的東西，不像是所說的鵷鶵的食物。《補正》據各類書所錄莊文和《北史·王誐傳》都作『竹實』，因而說『作竹者為近古』（引者按：即劉文典說），較為確切。《鹽鐵論·毀學篇》和《詩·卷阿》鄭箋『非竹實不食，非醴泉不飲』，並用此文，都作『竹實』。《韓詩外傳》卷8：『集帝梧桐，食帝竹實。』《說苑·辨物篇》則作『食帝竹實，棲帝梧樹』，都是說鳳凰棲梧桐、食竹實，和各書所引莊文相合。《晉書·五行志》：『惠帝元康二年春，巴西郡界竹生花，紫色，結實如麥。』又『安帝元興三年，荊、江二州界，竹生實，如麥。』」〔註14〕

（10）王叔岷曰：「成疏云云，武延緒云云。案《文選·蕪城賦》注、《與山巨源絕交書》注、《詩·卷阿》《正義》、《類聚》卷88、95、《初學記》卷29、《白帖》卷29、《御覽》卷911、956、《事類賦注》卷25……引『練實』皆作『竹實』，與成疏合。《鹽鐵論·毀學篇》、《詩·卷阿》箋亦並云『非竹實不食』。作『練實』，則練借為楝，武說是。《廣雅·去聲四》：『楝，木名，鵷鶵食其實。』即本此文，字作『楝』，易假借字為本字也。《御覽》卷916引此文注云：『練實，竹實也，取其絜白。』」〔註15〕王氏引文有失誤，《文選·蕪城賦》李善注未引《莊子》〔註16〕，《初學記》見卷28（凡二引，非卷29），《白帖》卷29「瑞官」條引文未言出處（卷30「竹」條同），《廣雅》當作《廣韻》，《御覽》卷962引此文有注（非卷916）。

（11）楊柳橋曰：「高誘《淮南子》注：『練，白也。』《埤雅》：『舊說：竹率六十年根輒一易，即華實而枯死，實落於土，復生，六年成疃。《稽聖賦》曰：「竹布實而根枯，蕉舒花而株槁。」』竹生實者甚少，蓋喻其可貴。」〔註17〕《淮南子》見《說林篇》注。《埤雅》見卷15，所引舊說，《北戶錄》卷2、《事類賦注》卷24引同，晉·戴凱之《竹譜》說略同。《御覽》卷962引《山海經》：「竹生花，其年便枯。竹六十年一易根，易根，必經結實而枯

〔註14〕何善周《〈莊子·秋水篇〉校注辨正》，《社會科學戰線》1978年第1期，第100頁。
〔註15〕王叔岷《莊子校詮》，中華書局2007年版，第632～633頁。王叔岷《莊子校釋》卷3說同，中央研究院歷史語言研究所專刊之二十六，臺灣商務印書館1993年第2版，本卷第14頁。
〔註16〕李周翰注有「鵷雛非梧桐不棲，非竹實不食，非醴泉不飲」語，未說出處。
〔註17〕楊柳橋《莊子譯詁》，上海古籍出版社1991年版，第331頁。

死，實落土復生，六年還成町。」

（12）高勇曰：「練實，象練一樣純淨的果實。」〔註18〕

（13）時永樂曰：「『練』通『楝』，或為『楝』之譌字。《淮南子・時則》高誘注云云。漢崔駰《七言詩》：『鸞鳥高翔時來儀，應治歸德合望規，啄食楝實飲華池。』……『練』即『楝』。」曹祝兵等說全同〔註19〕，蓋即襲自時說。景宋本《御覽》卷916引崔駰《詩》「楝」形誤作「揀」，四庫本、嘉慶仿宋刻本、美國國會圖書館藏本《御覽》都改作「竹食」，張溥《漢魏六朝百三家集》卷12同，非其舊本。

林希逸、陸西星、王夫之、林雲銘、宣穎、陸樹芝、郭慶藩、王先謙、馬其昶、胡遠濬、阮毓崧、張默生均從成玄英說〔註20〕。吳世尚說「練實，竹粒」〔註21〕，亦是由成說化出。錢穆兼取成玄英及武延緒說〔註22〕。沙少海襲取馬敘倫說，復取武延緒說〔註23〕。周乾溁襲取高亨說，卻誤「楝」作「楝」〔註24〕，陋甚。呂惠卿《莊子義》卷6、羅勉道《南華真經循本》卷16、朱得之《莊子通義》卷6、胡文英《莊子獨見》、郭慶藩《莊子集釋》卷6、王先謙《莊子集解》卷4、俞樾《莊子平議》、孫詒讓《莊子札迻》、于鬯《莊子校書》、陶鴻慶《讀莊子札記》、奚侗《莊子補注》、章太炎《莊子解

〔註18〕高勇《「練實」別解》，《文學遺產》1985年第2期，第94頁。

〔註19〕時永樂《王力〈古代漢語〉再補正》，《河北大學學報》2006年第5期，第125頁。曹祝兵、張翔《王力〈古代漢語〉若干注釋商榷》，《安徽廣播電視大學學報》2018年第1期，第100頁。

〔註20〕林希逸《莊子鬳齋口義》卷6（周啟成校注），中華書局1997年版，第274頁。陸西星《南華真經副墨》卷4，萬曆六年刊本，無頁碼。王夫之《莊子解》，中華書局1964年版，第148頁。林雲銘《莊子因》卷4，乾隆間重刊本，無頁碼。宣穎《南華經解》卷17，同治五年半畝園刊本，本卷第9頁。陸樹芝《莊子雪》卷中，嘉慶四年儒雅堂刊本，本卷第74頁。郭慶藩《莊子集釋》，中華書局1961年版，第605頁。郭氏引成疏「竹實」誤作「竹食」。王先謙《莊子集解》卷4，中華書局1987年版，第148頁。馬其昶《莊子故》，黃山書社1989年版，第118頁。胡遠濬《莊子詮詁》，中國書店1988年版，第140頁。阮毓崧《莊子集註》，廣文書局1972年初版，第282頁。張默生《莊子新釋》，齊魯書社1993年版，第402頁。

〔註21〕吳世尚《莊子解》卷7，民國九年刊本，本卷第8頁。

〔註22〕錢穆《莊子纂箋》，臺灣東大圖書股份有限公司1985年第5版，第140頁。

〔註23〕沙少海《莊子集注》，貴州人民出版社1987年版，第192～193頁。沙氏前說與馬敘倫說全同，而《御覽》卷962亦誤記作卷963，故知是襲取馬說也。

〔註24〕周乾溁《莊子探驪》，天津古籍出版社2004年版，第250頁。

故》、劉師培《莊子斠補》、聞一多《莊子義疏》、于省吾《莊子新證》、朱季海《莊子故言》、徐仁甫《莊子辨正》，各家於「練實」均無說。

鳳凰食竹實，此一說也。《淮南子·本經篇》：「鳳麟至，蓍龜兆，甘露下，竹實滿，流黃出而朱草生。」《子華子·北宮意問》同，《御覽》卷962引《淮南子》有注：「竹實，鳳皇食。」S.1086杜嗣先《兔園策府》卷1《議封禪》引《淮南子》：「鳳皇非梧桐不棲，非竹實不食。」《御覽》卷915引《太玄經》佚文：「鸑鳳不遷，甘於竹實。」漢郭憲《洞冥記》卷3：「或以青桂之枝為欋，或以木蘭之心為檝，練實之竹為篙紂，石脈之為繩纜也。」《詩·卷阿》孔疏引《白虎通》佚文：「黃帝之時，鳳皇蔽日而至，止於東園，食常（帝）竹實，栖常（帝）梧桐。」《初學記》卷30引《論〔語〕摘衰（襄）聖》：「知我唯黃，持竹實來，故子欲居九夷，從鳳嬉。」〔註25〕《文選·七命》李善注引《禮瑞命記》：「鳳乃蔽日而來，止帝園，食竹實，棲帝梧桐。」《文選》卷5晉·左思《吳都賦》：「其竹則篔簹、篊簩……鸑鷟食其實，鵷鶵擾其閒。」劉淵林註：「鸑鷟、鵷鶵，皆鳳類也，非竹實不食，黃帝時鳳集東園，食帝竹實。」《類聚》卷61魏·劉楨《魯都賦》：「竹則……翠實離離，鳳皇攸食。」〔註26〕《御覽》卷915引《括地圖》：「孟虧去之，鳳凰隨焉，止于此山，多竹，長千仞，鳳凰食竹實，孟虧食木實。」〔註27〕

《莊子》則自作「練實」，《類聚》卷89、《御覽》卷962、《事類賦注》卷24、《記纂淵海》卷92引同〔註28〕。趙彥材、田藝蘅說「竹實色白似練」云云，均是臆說。毛晃等人說「練乃楝之借字」得之，練實指楝樹的果實。武延緒、鍾泰引《淮南子》高注「楝實，鳳凰所食」，高亨、王叔岷引《廣韻》「楝，木名，鵷鶵食其實」，時永樂引崔駰《詩》「鸑鳥啄食楝實」云云，均其確證。陳北郊、趙家棟亦引高注及《廣韻》說之〔註29〕。蔣斧印本《唐韻殘卷》：「楝，木名，鵷鶵食其實。」此《廣韻》所本。羅願《爾雅翼》卷9：「鳳皇非梧桐不

〔註25〕《御覽》卷915引「論」下有「語」字，「衰」作「襄」，當據補正。
〔註26〕《初學記》卷28引「鳳皇」作「鳳鸑」。
〔註27〕《事類賦注》卷18引同。《博物志》卷8「孟虧」作「孟舒」，即《史記·秦本紀》之「孟戲」，《漢書·古今人表》又作「孟獻」，均一音之轉也。
〔註28〕《記纂淵海》據宋刻殘本，四庫本在卷53。
〔註29〕陳北郊《古代詞語注釋商榷》，《山西大學學報》1988年第1期，第77頁。趙家棟《張恒君、荊貴生〈訓詁三則〉辨正》，《漢字文化》2008年第3期，第68頁。

棲，非楝實不食。」正是以《莊子》「練」為樹名「楝」。《千金翼方》卷 3 引
《神農本草經》有「楝實，味苦，寒，有小毒」的記載〔註30〕，《證類本草》
卷 14、《圖經衍義本草》卷 24 引同〔註31〕，《新修本草》卷 14、《醫心方》卷
1 引作「練實」〔註32〕。段玉裁曰：「『棟』俗作『楝』……《莊子》『非練實
不食』，或謂即『棟實』。棟實非珍物，似非的解也。」〔註33〕段說非是，何善
周說誤同，「梧桐」亦非珍物也。

　　2.《山海經·海內西經》：「服常樹，其上有三頭人，伺琅玕樹。」郭璞
注：「琅玕子似珠。《爾雅》曰：『西北之美者，有崑崙之琅玕焉。』莊周曰：
『有人三頭，遞臥遞起，以伺琅玕與玕琪子。』謂此人也。」《說文》：「琅，
琅玕，似珠者。」又「玕，琅玕。」又作「琅干」，北大漢簡（五）《荊決》：
「海有琅干。」樹之子實似珠，故樹亦名「琅玕」。《淮南子·墬形篇》：「崑
崙虛……珠樹、玉樹、琁樹、不死樹在其西，沙棠、琅玕在其東，絳樹在其
南，碧樹、瑤樹在其北。」《淮南》說崑崙四方樹名，「沙棠」、「琅玕」亦是
樹名。《海內西經》又云：「崑崙……開明北有視肉、珠樹、文玉樹、玕琪樹、
不死樹、鳳凰、鸞鳥皆戴殹。」琅玕樹即珠樹，吳任臣、袁珂指出《列子·
湯問篇》所說「珠玕之樹皆叢生，華實皆有滋味」亦即此樹〔註34〕。《御覽》
卷 915 引《莊子》佚文：「老子歎曰：『吾聞南方有鳥，名為鳳，所居積石千
里，天為生食，其樹名瓊枝，高百仞，以璆琳、瑯玕為寶（實）〔註35〕；天

〔註30〕　《千金翼方》據光緒四年景元大德梅溪書院本，本卷第 20 頁。
〔註31〕　《證類本草》據《四部叢刊》初編子部景印金刊本，本卷第 15 頁。《圖經衍義
　　　　　本草》據道藏本。
〔註32〕　《新修本草》卷 14，上海古籍出版社 1985 年據日本森氏舊藏影本，第 127、
　　　　　145 頁（二處分別是目錄、正文）；尚志鈞《新修本草》（輯復本第 2 版）附錄
　　　　　Ⅴ《羅振玉藏日本傳抄卷子本〈新修本草〉殘卷》即此本，安徽科學技術出版
　　　　　社 2004 年版，第 670、679 頁。尚志鈞《新修本草》（輯復本第 2 版）附錄Ⅲ
　　　　　《傅雲龍影刻〈新修本草〉》亦作「練實」，第 410、423 頁。尚志鈞《新修本
　　　　　草》（輯復本第 2 版）錄作「楝實」，失真，第 195、202 頁。丹波康賴《醫心
　　　　　方》卷 1，日本東方出版社 1991 年影印半井家本，第 83 頁。
〔註33〕　段玉裁《說文解字注》，上海古籍出版社 1981 年版，第 246～247 頁。
〔註34〕　吳任臣《山海經廣注》卷 11，收入景印文淵閣《四庫全書》第 1042 冊，第 202
　　　　　頁。袁珂《山海經校注（最終修訂本）》，北京聯合出版公司 2014 年版，第 262
　　　　　頁。袁珂蓋即襲自吳說耳。
〔註35〕　《玉篇》「瓊」字條、《困學記聞》卷 10 引「寶」同，《文選》江淹《雜體詩》
　　　　　李善注、《類聚》卷 90、《白氏六帖事類集》卷 29、《事類賦注》卷 18 引「寶」
　　　　　作「實」（《事類賦注》引出處誤作《淮南子》），《楚辭·離騷》洪興祖《補注》

又為生離珠，一人三頭，遞起以伺琅玕。』」《莊子》佚文鳳鳥以琅玕子實為食，與《莊子》以練實為食，同一事也。唐人李白《古風》：「鳳飢不啄粟，所食唯琅玕。」錢起《長安客舍贈李行父明府》：「遂令丹穴鳳，晚食金瑯玕。」二氏均用《莊子》佚文的典故，錢起稱作「金瑯玕」者，指成熟的黃色的楝樹果實。

　　3. 山東王寧告訴我說，「琅玕」急言之則曰「楝」〔註36〕。余謂「琅玕」可以單言曰「琅」〔註37〕，「琅」音轉作「練」，此亦一說也。《本草綱目》卷 8 指出「青琅玕」即《本草拾遺》之「石闌干」，是也，亦即《酉陽雜俎》卷 10、《證類本草》卷 3 之「石欄干」。《莊子·齊物論》《釋文》引向秀曰：「孟浪，音漫瀾。」「闌單」音轉則為「郎當」〔註38〕。《說苑·善說》：「孟嘗君涕浪汗增欷，而就之曰。」盧文弨曰：「浪汗，與『琅玕』同，猶闌干也。」程瑤田與盧說同，又指出即《海賦》之「瀾汗」〔註39〕。《隸釋》卷 5 漢《成陽令唐扶頌》：「君臣流涕，道路琅玕。」又卷 22 後漢《唐君碑》亦有此語。朱駿聲曰：「按：（琅玕）猶言闌干也。琅、闌雙聲字。」〔註40〕《吳越春秋·勾踐入臣外傳》：「言竟掩面，涕泣闌干。」上四例，「浪汗」、「琅玕」、「闌干」狀眼淚似圓珠。《類聚》卷 3 鮑照《冬至詩》：「長河結瓓玕，層冰如玉岸。」〔註41〕《記纂淵海》卷 2 引作「琅玕」，《海錄碎事》卷 3 引

　　引《傳》亦作「實」。江淹《雜體詩》：「靈鳳振羽儀，戢景西海濱。朝食琅玕實，夕飲玉池津。」李善注又引阮籍《詩》：「朝食琅玕實，夕宿丹山際。」《類聚》卷 26 引同。「寶」是「實」形誤。

〔註36〕王寧與我 QQ 聊天所說。

〔註37〕《鹽鐵論·散不足》「今富者……黃金琅勒」，是其例。《御覽》卷 359 引同，《書鈔》卷 126 引脫誤作「金銀勒」。《御覽》卷 915 引《莊子》佚文「以璆琳、瑯玕為寶（實）」，《文選·雜體詩》李善注、《白帖》卷 29 引作「以琳、琅為實」。

〔註38〕參見蔣禮鴻《義府續貂》，收入《蔣禮鴻集》卷 2，浙江教育出版社 2001 年版，第 21 頁。錢鍾書《管錐編》，中華書局 1986 年版，第 699 頁。郭在貽《唐代俗語詞雜釋》、《唐詩與俗語詞》，分別收入《郭在貽文集》卷 1、3，中華書局 2002 年版，第 105～106、69～71 頁。蕭旭《「郎當」考》，《中國語學研究·開篇》第 29 卷，2010 年 9 月日本好文出版，第 59～64 頁；又收入《群書校補（續）》，花木蘭文化出版社 2014 年版，第 2373 頁。

〔註39〕盧文弨《群書拾補》，收入《續修四庫全書》第 1149 冊，第 421 頁。程瑤田《釋蟲小記》，收入《程瑤田全集》第 3 冊，黃山書社 2008 年版，第 291 頁。

〔註40〕朱駿聲《說文通訓定聲》，武漢市古籍書店 1983 年版，第 729 頁。

〔註41〕《四部叢刊》初編集部景印毛斧季校宋本《鮑氏集》卷 8 誤作「蘭紆」，《歲時

作「闌干」，《錦繡萬花谷》前集卷 4 引作「欄干」，此「珊玕」言冰珠，即「琅玕」。此上均其音轉之證。「琅玕樹」省稱作「琅樹」，《三洞讚頌靈章》卷上：「八浮羅鳳蓋，琅樹暎飛飇。」音轉則作「楝樹」，「楝」是其專名，又稱作「練樹」〔註42〕。《莊子》佚文鳳鳥所食「琅玕子」即是「楝子」、「楝實」。樹名琅玕、樹名楝，均取其子實似珠而名之也〔註43〕。楝實成熟前是青色，成熟後是黃色，許多鳥類如喜鵲、灰喜鵲、八哥、灰椋鳥、白頭翁等都喜食之（參見附圖），《莊子》說鳳鳥食楝實，雖是寓言，要當有所取象，不是隨意亂說也。

4. 基於上文考證，有二處文獻我另出新說，附識於此：

（1）《荀子·哀公》：「是以鳳在列樹，麟在郊野。」〔註44〕《鹽鐵論·和親》：「鳳皇在列樹，麒麟在郊藪。」《論衡·講瑞》引《〔尚書〕大傳》：「鳳皇在列樹。」〔註45〕《淮南子·要略篇》：「鳳巢列樹，麟止郊野。」《古文苑》卷 3 枚乘《梁王菟園賦》：「若乃附巢、搴鷺之傅於列樹也。」〔註46〕古代注家

〔註42〕 《續齊諧記》：「當以楝葉塞其上，以彩絲纏之。」《史記·屈原列傳》《正義》引「楝葉」作「練樹葉」，《玉燭寶典》卷 5、《御覽》卷 930 引作「練（練）葉」，《御覽》卷 31、851、930 引作「練（綠）樹葉」（卷 930 凡二引），《類聚》卷 4 引作「楝（棟）樹葉」，《事類賦注》卷 4、《太平廣記》卷 291 引作「楝（棟）葉」，《初學記》卷 4 引妄改作「菰葉」。《荊楚歲時記》引周處《風土記》「楝葉插〔頭〕」，一本「楝」作「練」，《玉燭寶典》卷 5 同，《御覽》卷 962 引作「練（綠）」。《南史·梁武帝諸子列傳》：「徐州所有練樹，並令斬殺，以帝小名練故。」《正法念處經》卷 44：「如練樹葉，其味甚苦。」宋、元本「練」作「楝」。《玄應音義》卷 11：「楝樹：子白而粘可以浣衣者也。經文作練，非體也。」玄應說「作練非體」，乃未達通假。

〔註43〕 羅願《爾雅翼》卷 9：「楝木……其實如小鈴，至熟則黃，俗謂之苦楝子，亦曰金鈴子，可以練，故名楝。」羅願說「楝實（金鈴子）可以練」者，《山海經·中山經》「楢木……其實如楝」，郭璞注：「楝，木名，子如指頭，白而粘，可以浣衣也。音練，或作簡。」指楝實可以浣練（即「湅」字），因名其樹曰楝，李時珍、譚宏姣均從其說，亦備一通。李時珍《本草綱目》卷 35，中國中醫藥出版社 1998 年版，第 853 頁。譚宏姣《古漢語植物命名研究》，中國社會科學出版社 2008 年版，第 34 頁。

〔註44〕 《類聚》卷 99、《御覽》卷 915 引《荀子》均同今本。

〔註45〕 《書鈔》卷 127、《御覽》卷 915、928、《事類賦注》卷 18 引《大傳》作「鳳皇巢其樹」，《玉海》卷 199 引作「鳳凰巢其木」。

〔註46〕 《古文苑》據宋廿一卷本，宋九卷本同（在卷 1），明成化本、《全漢文》卷 20「傅」誤作「傳」。「附巢」、「搴鷺」都是水鳥名。

（上側註腳行，位於正文與註釋之間）
雜詠》卷 39 引又妄改作「蘭楫」，去其真愈遠矣。

於「列樹」無說〔註47〕。今人有說：王力把「列」理解為「行列」〔註48〕。章詩同注：「列樹，眾樹。」〔註49〕鄭文注：「列，大。」〔註50〕張覺注：「列樹，成行的樹。」〔註51〕諸說非是。「列」是「栵」省文，音同「例」，與「欄」是改易聲符的異體字（古音列、厲通轉，不煩舉證）。蔣斧印本《唐韻殘卷》、裴務齊《正字本刊謬補缺切韻》、P.3696V《箋注本切韻》、P.2011 王仁昫《刊謬補缺切韻》並云：「欄，木名。」「欄」僅見於《中山經》「欄木……其實如楝」〔註52〕，乃各韻書所本，「欄」、「栵」蓋「楝」聲轉（來母雙聲，月、元通轉），欄木亦楝樹一類也。古字「列（烈）」、「剌」相通〔註53〕，金文「剌」字的聲

〔註47〕古今中外研究《荀子》、《淮南子》、《鹽鐵論》的著作蒙多，這裏不能盡舉，可以參看蕭旭《荀子校補·緒論》，花木蘭文化出版社 2016 年版，第 1～7 頁；蕭旭《淮南子校補·附錄三》，花木蘭文化出版社 2014 年版，第 839～845 頁；蕭旭《鹽鐵論校補·緒論》，收入《群書校補（續）》，花木蘭文化出版社 2014 年版，第 869～870 頁。《論衡》的研究著作大致有：吳承仕《論衡校釋》，北京師範大學出版社 1986 年版，第 104 頁。黃暉《論衡校釋》（附劉盼遂《論衡集解》），中華書局 1990 年版，第 727 頁。劉盼遂《論衡校箋》，收入《劉盼遂文集》，北京師範大學出版社 2002 年版，第 81～82 頁。孫人和《論衡舉正》，上海古籍出版社 1990 年版，第 78～80 頁。劉文典《論衡斠補》，收入《三餘札記》，《劉文典全集（3）》，安徽大學出版社、雲南大學出版社 1999 年版，第 492～511 頁。馬宗霍《論衡校讀箋識》，中華書局 2010 年版，第 226～230 頁。張宗祥《論衡校注》卷 16，上海古籍出版社 2010 年版，第 339 頁。裘錫圭《論衡札記》，收入《裘錫圭學術文集》卷 4，復旦大學出版社 2012 年版，第 320～346 頁。楊寶忠《論衡校箋》，河北教育出版社 1999 年版，第 551 頁。枚乘《梁王菟園賦》的研究著作大致有：黃侃《文心雕龍札記（續）》附校《梁王菟園賦》，《華國月刊》第 3 卷第 3 冊，1926 年版，第 4～5 頁；又《文心雕龍札記》，商務印書館 2014 年版，第 62～63 頁。古直《枚叔〈梁王菟園賦〉箋》，《國學論衡》第 3 期，1934 年版，第 1～6 頁；又《國立中山大學文學院專刊》第 2 期，1935 年版，第 315～321 頁。聞一多《璞堂雜業·古文苑》，收入《聞一多全集》卷 10，湖北人民出版社 1994 年版，第 489～492 頁。趙逵夫《枚乘〈梁王兔園賦〉校議》，《文史》2004 年第 4 輯，第 107～120 頁。
〔註48〕王力《同源字典》，商務印書館 1982 年版，第 492 頁。
〔註49〕章詩同《荀子簡注》，上海人民出版社 1974 年版，第 334 頁。
〔註50〕鄭文《論衡析詁》卷 16，巴蜀書社 1999 年版，第 695 頁。
〔註51〕張覺《荀子校注》，嶽麓書社 2006 年版，第 408 頁。張覺《荀子譯注》，上海古籍出版社 2012 年版，第 455 頁。
〔註52〕明成化刊本「楝」作「揀」，《御覽》卷 490 引「楝」形誤作「揀」。
〔註53〕例證參見白于藍《簡帛古書通假字大系》，福建人民出版社 2017 年版，第 780 頁。另補數證如下：《中山國胤嗣好盜壺銘》：「以追庸（誦）先王之工（功）剌。」張政烺讀剌為烈。上博楚簡（五）《弟子問》簡 23：「剌乎其下，不

符從「朿」作「刺」〔註54〕，《說文》譌從「束」，沿譌至今。此正「栵」、「棟」聲轉之證。

（2）《太玄·沈》：「宛雛沈視，食苦貞。」范望注：「亦為公侯義不素食，故先苦而後得祿也，得必以正，故貞也。」司馬光《集注》：「君子擇祿而食，守苦節，循正道。」葉子奇《本旨》：「君子沈潛其視，不肯妄食，食雖苦淡，務存正道而已。」諸家說「苦」為甘苦之苦，余謂揚雄顯用《莊子》典故，「苦」指苦練（棟），代指其果實。「貞」指女貞〔註55〕，俗作「楨」，代指其果實女貞子。元刻本《金匱要略·菓實菜穀禁忌并治》：「苦練無子者殺人。」S.617《俗務要名林·木部》：「棟，苦棟也，郎見反。楨，女貞，音貞。」〔註56〕

本文承孟蓬生教授、劉洪濤教授、張文冠博士審讀並提出補充意見，謹致謝忱！

附　圖

灰喜鵲食棟實　　　　　　　　　　灰喜鵲食棟實

斲（折）其枳（枝），食其實。」整理者張光裕讀剌作列。清華簡（一）《祭公之顧命》「颮（揚）成康邵宝之剌」，《逸周書·祭公》「剌」作「烈」。《說文》：「齣，齒分骨聲，讀若剌。」《集韻》：「齣，或作齧。」《古文苑》卷6黃香《九宮賦》「碎太山而剌嵩高」，剌亦碎也，讀作列（裂）。張政烺《中山國胤嗣𡥉蚉壺釋文》，《古文字研究》第1輯，中華書局1979年版，第245頁。《上海博物館藏戰國楚竹書（五）》，上海古籍出版社2005年版，第281頁。

〔註54〕參見戴家祥《金文大字典》，學林出版社1999年版，第513～515頁。此承孟蓬生教授提示，謹致謝忱！
〔註55〕司馬相如《上林賦》：「橪檀木蘭，豫章女貞。」
〔註56〕《俗務要名林》承張文冠博士檢示，謹致謝忱！

白頭翁食楝實 　　　　　　黑頭翁食女貞子

（以上圖片均取自網絡）

　　2021 年 8 月 28 日～29 日初稿，8 月 30 日～9 月 7 日二稿，2021 年 9 月 30 日三稿，2022 年 2 月 13 日定稿。

《孟子》「折枝」補證

1.《孟子‧梁惠王上》:「為長者折枝,語人曰:『我不能。』是不為也,非不能也。故王之不王,非挾大山以超北海之類也;王之不王,是折枝之類也。」關於「折枝」,舊說云:

(1)「按摩」說。《孟子》趙岐注:「折枝,按摩折手節,解罷枝也。」《後漢書‧王襲傳》「折枝於長者」,李賢注引劉熙《孟子》注:「折枝,若今之案摩也。」

(2)「折草木枝」說。宋孫奭《孟子音義》卷上引唐陸善經曰:「折枝,折草樹枝。」朱熹《集注》:「為長者折枝,以長者之命,折草木之枝,言不難也。」

(3)「行禮」說。此說又有具體所指的差異。①「屈折腰肢」說。南宋周必大《陸氏〈翼孟音解〉序》指出陸筠解「折枝」作「磬折腰肢」,清人黃生、程大中、杭世駿取此說〔註1〕。明人陸深曰:「『枝』、『肢』古通用。肢,四支也,腰亦曰肢。折枝猶折腰也。古詩云『折腰載拜跪』,陶淵明以五斗米折腰,蓋言為長者揖拜耳。」〔註2〕清人牟庭相曰:「折枝,屈折其腰支,即磬折也。《陶淵明傳》『不肯折腰向鄉里兒』,折腰即折枝矣。」〔註3〕②「屈

〔註1〕 黃生《義府》卷上,黃生、黃承吉《字詁義府合按》,中華書局 1954 年版,第 132 頁。程大中《四書逸箋》卷 5,收入景印文淵閣《四庫全書》第 210 冊,臺灣商務印書館 1986 年初版,第 699 頁。杭世駿《訂訛類編》續補卷上,上海書店 1986 年版,第 399 頁。
〔註2〕 陸深《儼山外集》卷 1,收入《四庫全書》第 885 冊,第 5 頁。
〔註3〕 牟庭相《雪泥書屋雜志》卷 2,收入《續修四庫全書》第 1156 冊,上海古籍出版社 2002 年版,第 493 頁。

折肢體」說。元人陳天祥曰：「為長者屈折肢體，止是卑幼之於尊長常用易為之禮貌耳。如斂手、屈膝、折腰之類，皆其事長上之禮也。說者宜云：『枝』與『肢』通用，折枝謂斂折肢體，如斂手折腰為長者作禮也。此與『徐行，後長者』意正相類，皆言不難為也。」〔註4〕③「拜禮」說。劉堅曰：「『枝』與『肢』同，謂屈其肢也。拜者折枝之謂也。」〔註5〕

　　（4）「誤字」說。①謝逸曰：「『枝』字乃『杖』字。折枝者，荷杖也。」〔註6〕②《四書質疑》說「折枝」或「扶杖」二字之誤〔註7〕。

　　2.「誤字」說純是臆測，毫無根據。古人另外三說，焦循《孟子正義》集而未釋〔註8〕。周炳中曰：「《集註》以為『折草木之枝』，似于『為長者』無意義，不若趙註為長。郝仲輿云：『屈抑腰肢，見長者之禮。』此說又與趙氏異，亦可備一解。」〔註9〕朱駿聲曰：「枝，叚借為胑。《孟子》注：『案摩折骨節解罷枝也。』或曰：折腰也，言揖拜耳。存參。」〔註10〕二氏列異說持二端。陳鱣引古籍「案摩」的記載及吳中酒食遊戲之所尚有按摩之役以證趙注，並指出：「陸善經直以『折草樹枝』解之，與長者何涉乎？至陸筠《翼孟音解》以『折枝』為磬折腰肢，《四書質疑》以『折枝』或『扶杖』二字之誤，皆不經之言，未可為據。」〔註11〕毛奇齡取趙氏「按摩」說，駁朱注云：「折草木之枝何用？此二字見經史甚多，未可故為異解者，以二字亦典故也。《內則》：『子婦事舅姑，問疾痛苛癢而抑搔之。』鄭註『抑搔』即『按摩』。屈抑枝體，與『折』義同。《後漢·張皓王龔論》云：『豈同折枝于長者，以不為為難乎？』劉熙註：『按摩。』不為豈是難能，正《孟子》之解。若劉峻《廣絕交論》：『折枝舐痔。』盧思道《北齊論》：『韓高之徒，人（引者按：『人』字衍文）皆折枝舐痔。』《朝野僉載》薛稷等舐痔折枝阿附太平公主類，則以非卑幼事尊長，便屬媟諂，故加『為長者』三字。若『折草木枝』，即為

〔註4〕陳天祥《四書辨疑》卷9，收入《四庫全書》第202冊，第452頁。
〔註5〕劉堅《修潔齋閑筆》卷2，收入《續修四庫全書》第1144冊，第661頁。
〔註6〕謝逸說引自袁棟《書隱叢說》卷10，收入《續修四庫全書》第1137冊，第536頁。
〔註7〕《四書質疑》原書未見，其說轉引自陳鱣《簡莊疏記》卷15，引見下文。清代有多人撰《四書質疑》，亦不知陳鱣所引係誰氏說。
〔註8〕焦循《孟子正義》卷3，中華書局1987年版，第85～86頁。
〔註9〕周炳中《四書典故辨正》卷12，收入《續修四庫全書》第167冊，第520頁。
〔註10〕朱駿聲《說文通訓定聲》，武漢市古籍書店1983年版，第510頁。
〔註11〕陳鱣《簡莊疏記》卷15，收入《續修四庫全書》第1157冊，第278頁。

人亦非難，何必長者？」鄭方坤從毛說〔註12〕。汪之昌與陳鱣、毛奇齡說略
同〔註13〕，皆申趙注。陳祖范、宋翔鳳、胡毓寰均取趙氏「按摩」說，宋氏
又指出：「『枝』、『支』字通用」〔註14〕。今人擇取其一說而復為之辭。楊本
祥取朱熹說〔註15〕。呆人提出「折枝」是「攀折果枝而食」〔註16〕。張降龍
說「為」讀平聲，「折枝」指折樹枝，解作「作為一個身材特別高大的人去折
枝」〔註17〕。卜師霞等說「『折』可能是『析』的誤字，『析』有解除疲勞的
意義，『折枝』應解釋為按摩搔癢」〔註18〕。陸精康說「跪拜必屈四肢」，故
曰「折枝」〔註19〕。黃賓主說「『折』當為『曲折』、『屈折』，而非『彎曲』。
『折枝』是曲折四肢（屈膝行跪拜之禮）」〔註20〕。胡勃說「『折枝』當解釋
為『折肢』，即屈體下拜，與『折節』、『屈節』、『屈體』等義相近」〔註21〕。
連佳鵬說「『折枝』的意思當是折取樹枝，用作手杖……『支』和『丈』形、
義皆近……『枝』和『杖』有可能本來就是一字。」〔註22〕

　　3. 陳天祥解作「屈折肢體」是也。「折」即彎曲、屈折義〔註23〕。《廣雅》：
「折，曲也。」「枝」讀作「胑（肢）」。《釋名·釋形體》：「胑，枝也，似水（木）
之枝格也。」〔註24〕木曰枝，人曰胑（肢），二者同源，本指四肢，《孟子》移

〔註12〕 毛奇齡《四書改錯》卷18，清嘉慶刻本，本卷第14頁。毛奇齡《四書賸言》
　　　　 卷2說略同，收入《皇清經解》卷185，上海書店1988年版，第1冊，第758
　　　　 頁。鄭方坤《經稗》卷12，收入《四庫全書》第191冊，第788頁。
〔註13〕 汪之昌《孟子「折枝」解》，收入《青學齋集》卷11，汪氏青學齋刊本，本卷
　　　　 第1～2頁。
〔註14〕 陳祖范《經咫·孟子》，收入《四庫全書》第194冊，第90頁。宋翔鳳《孟子
　　　　 趙注補正》卷1，收入《續修四庫全書》第159冊，第6頁。胡毓寰《孟子本
　　　　 義》，收入《民國叢書》第5編第4冊，上海書店1936年版，第28頁。
〔註15〕 楊本祥《「折枝」考辨》，《淮北煤師院學報》1986年第3期，第90頁。
〔註16〕 呆人《「為長者折技」解》，《蘇州大學學報》1987年第2期，第45頁。
〔註17〕 張降龍《「為長者折枝」正義》，《黑龍江財專學報》1990年第1期，第62～
　　　　 63頁。
〔註18〕 卜師霞、卜師文《「折枝」考辨》，《景德鎮高專學報》2004年第1期，第61頁。
〔註19〕 陸精康《說「折枝」》，《語文學習》2006年第3期，第28頁。
〔註20〕 黃賓主《釋「折枝」》，《語文學刊》2006年第10期，第162頁。
〔註21〕 胡勃《〈孟子〉「折枝」語義辨釋》，《重慶電子工程職業學院學報》2013年第
　　　　 5期，第62頁。
〔註22〕 連佳鵬《「為長者折枝」、「植其杖而芸」合考——兼談上古時期的杖文化》，
　　　　 《孔子研究》2013年第6期，第118～120頁。
〔註23〕 黃賓主說「屈折」與「彎曲」不同，疏於訓詁而強生分別耳。
〔註24〕 《御覽》卷375引《釋名》雖有脫文，但「水」作「木」則不誤。蘇輿已據《御

指腰肢。「折枝」指彎曲肢體而行禮（古人行禮，都須屈折肢體，不能必是拜禮）。這個禮是對長者的敬禮，甚易為之。「為長者」的「為」朱熹讀去聲，是也，作介詞用，猶今言「對」、「向」。張降龍云云，妄生異說耳。

4.「折枝」云者，文獻中也稱作「句指」。句音鉤。《說文》：「句，曲也。」「句」與「折」義同。「指」亦讀為肔（肢）。弟子對師傅行「句指」禮，與年輕者對長者行「折枝」禮絕相類。《淮南子‧脩務篇》：「今取新聖人書，名之孔墨，則弟子句指而受者必眾矣。」《鹽鐵論‧刺議》：「僕雖不敏，亦當傾耳下風，攝齊句指，受業徑於君子之塗矣。」又稱作「拘指」，《說苑‧君道》：「北面拘指，逡巡而退以求臣，則師傅之材至矣。」劉台拱校《說苑》引《淮南》為證，云：「『拘指』即『句指』。」向宗魯從其說〔註25〕。楊樹達校《鹽鐵論》引《淮南》為證；王利器校《鹽鐵論》引楊說，又補引《說苑》為證，云：「句指，卑恭之貌。『拘指』即『句指』。」〔註26〕李哲明校《淮南》引《說苑》為證，云：「句指者，蓋恭謹之狀。」張雙棣校《淮南》引劉台拱、李哲明說，又補引《鹽鐵論》為證〔註27〕。陳直校《淮南》引《鹽鐵論》為證，云：「句指蓋卑謙之義。」〔註28〕《說苑》「拘指」，岡本保孝指出《戰國策‧燕策一》作「詘指」，引《淮南》為證，又引關嘉曰：「拘指，拱手也。」〔註29〕關嘉「拱手」說非是，其餘諸說並是也。《戰國策》鮑彪注：「詘指，屈指也。」吳師道補注：「詘，屈也，猶言折節。」詘屈、句拘，並正、假字。詘，曲也。鮑、吳皆誤以借字為正字。「詘指」即「詘肔」，故為恭謹之狀也。考《莊子‧漁父》：「今漁父杖挐逆立，而夫子曲腰磬折。」《賈子‧容經》：「因以磬折曰肅立。」又「拜以磬折之容。」又「孔子正顏舉杖，磬折而立……故身之倨佝，

覽》校正，參見畢沅、王先謙《釋名疏證補》，中華書局 2008 年版，第 61 頁。

〔註25〕 劉台拱《劉氏遺書》卷 2《經傳小記》，收入《叢書集成續編》第 15 冊，新文豐出版公司 1991 年印行，第 470 頁。向宗魯《說苑校證》，中華書局 1987 年版，第 17 頁。

〔註26〕 王利器《鹽鐵論校注》，中華書局 1992 年版，第 320 頁。所引楊樹達說出《讀鹽鐵論札記》，《國文學會叢刊》第 1 卷第 2 號。楊樹達《鹽鐵論要釋》無此說，上海古籍出版社 2006 年版，第 46 頁。

〔註27〕 張雙棣《淮南子校釋》（增定本），北京大學出版社 2013 年版，第 2062 頁。李哲明說轉引自此書。

〔註28〕 陳直《讀子日札‧淮南子》，收人《摹廬叢著七種》，齊魯書社 1981 年版，第 113 頁。

〔註29〕 岡本保孝說轉引自左松超《說苑集證》卷 1，（臺灣）「國立」編譯館 2001 年版，第 46 頁。

手之高下，顏色聲氣，各有宜稱，所以明尊卑別疏戚也。」《淮南子·齊俗篇》：「越王句踐劗髮文身，無皮弁搢笏之服，拘（句）罷拒（矩）折之容。」許慎注：「拘罷，圜也。拒折，方也。」〔註30〕「折枝」、「句指」即是磬折之容、句罷矩折之容，其身佝曲。《大戴禮記·曾子立事》：「與其倨也，寧句。」盧辯注：「倨，猶慢也。句以喻敬。」「句」即「句指」。惠棟曰：「句指，漢有章句章指。」〔註31〕橫田惟孝曰：「詘指猶拘指，拱手也。」張居正曰：「『詘指』作『屈己』。」中井積德曰：「指，疑當作『節』。」于鬯曰：「指蓋讀為稽，即稽首。又『詘指』二字疊韻，或古語。」范祥雍曰：「『指』與『恉』通用。《說文》：『恉，意也。』」〔註32〕范說實本於金正煒，金氏云：「指，意也。字本作恉。」〔註33〕關修齡說作「屈己」似義長〔註34〕。諸說皆未得。陳廣忠曰：「句指，即研討旨義。《匡謬正俗》卷8：『檢覆得失謂之句。』指，與『旨』同。」〔註35〕尤為妄說。

5. 附帶討論一下趙岐注「解罷枝也」。蔣禮鴻曰：「罷借作疲。『罷枝』之『枝』當讀為骹或劾。《集韻》：『骹、劾，居僞切，瘦極也。』」〔註36〕「解」謂緩解。「罷枝」即是「疲肢」，指疲乏的肢體，不讀為「骹（劾）」。各版本《集韻》釋文都作「疲極也」，《五音集韻》誤作「瘦極也」，蔣氏所據乃誤本。裴務齊《正字本刊謬補缺切韻》：「骹，疾極。」「疾」亦「疲」形誤。

2021 年 12 月 4〜5 日初稿，12 月 7 日二稿，12 月 23 日三稿。

〔註30〕朱駿聲曰：「拘，叚借為句。拒，叚借為榘。」呂傳元曰：「拒，讀為矩。《說文》：『巨，規巨也。』。『拘』與『句』同。」「榘」同「巨」，「矩」是俗字。朱駿聲《說文通訓定聲》，武漢市古籍書店 1983 年版，第 350、428 頁。呂傳元（字貞白）批校嘉慶刊本《淮南鴻烈解》，收入《子藏·道家部·淮南子卷》第 27 冊，國家圖書館出版社 2017 年版，第 50 頁。

〔註31〕王欣夫錄惠棟批校明刊本《淮南鴻烈解》，收入《子藏·道家部·淮南子卷》第 18 冊，國家圖書館出版社 2017 年版，第 91 頁。

〔註32〕橫田惟孝等諸說並轉引自范祥雍《戰國策箋證》卷 29，上海古籍出版社 2006 年版，第 1686〜1687 頁。

〔註33〕金正煒《戰國策補釋》卷 6，收入《續修四庫全書》第 422 冊，第 578 頁。

〔註34〕關修齡《戰國策高注補正》卷 8，收入《〈戰國策〉研究文獻輯刊》第 4 冊，國家圖書館出版社 2008 年版，第 468 頁。

〔註35〕陳廣忠《淮南子斠詮》，黃山書社 2008 年版，第 1091 頁。

〔註36〕蔣禮鴻《雙瓶室讀書瑣記》，收入《蔣禮鴻集》卷 6，浙江教育出版社 2001 年版，第 92 頁。

《法言》「童烏」解詁

1.《法言・問神》:「育而不苗者,吾家之童烏乎!」上句「育而不苗」,湯炳正校訂作「苗而不育」,徐仁甫說同〔註1〕。下句「童烏」,晉、唐以來各家說云:

(1)李軌注:童烏,子雲之子也。

(2)唐・陸龜蒙曰:揚雄之子,小字童烏〔註2〕。

(3)宋・袁文曰:《步里客談》謂「童」下合有一點,蓋子雲之意,嘆其子童蒙而早亡,故曰「烏乎」,是即「嗚呼」二字。後世乃謂子雲之子名烏。雖蘇東坡、張芸叟諸公莫能辨之。觀東坡在惠州,其子遯之死也,有詩云「苗而不秀豈其天,不使童烏與我玄」;芸叟以公奴早亡,有詩云「學語僅能追驥子,草玄安敢望童烏」。是亦以烏為子雲之子也〔註3〕。

(4)宋・王楙曰:童烏,舊說謂揚子雲之子小名。有一老先生讀《法言》,謂「吾家之童」為一句,「烏」連「乎」字作「嗚呼」字讀,謂歎聲也,似亦理長。僕觀後漢《鄭固碑》曰:「大男有揚烏之才,年七歲而夭。」蘇順《賦》:

〔註1〕湯炳正曰:「『育而不苗』句(案此句自魏晉以來即誤作『育而不苗』,故詳辯之),當作『苗而不育』。指童烏早死而言。蓋此節以作『述、育、烏』等字為韻也。」湯炳正《〈法言〉汪注補正》,《制言》第4期,1935年版,本文第1頁。徐仁甫《法言辨正》,收入《諸子辨正》,中華書局2014年版,第571頁。

〔註2〕唐・陸龜蒙《小名錄》卷上,收入《叢書集成初編》第3312冊,中華書局1985年影印,第1頁。

〔註3〕袁文《甕牖閒評》卷3,收入《叢書集成初編》第286冊,中華書局1985年影印,第31頁。《步里客談》係宋陳長方撰,其書久佚,《四庫全書》據《永樂大典》輯得58條,《法言》此條不在其中。

「童烏何壽之不將。」是時去子雲未遠，所舉想不謬。於是知「童烏」為子雲之子小名〔註4〕。

（5）王煦曰：《揚子》書多用古文，故作「烏乎」字如此。後人不察，以「烏乎」字屬上「吾家之童」作一句，以「烏」為雄子之名，失其義矣。當以是文正之〔註5〕。

（6）王鳴盛曰：童烏，子雲之子。而或以「童」字句絕，「烏乎」為嘆詞。《南史》王彧之子絢小字童烏，見《王蘊傳》，亦見《南齊書·高帝紀》。又《宋書·范泰傳》云「揚烏豫《玄》，實在弱齒」，則「童烏」為小字無疑〔註6〕。

（7）桂馥曰：「烏」是字，而《法言》亦稱烏者，猶曹孟德稱子建也……是父母皆字其子也〔註7〕。

（8）朱亦棟曰：《甕牖閒評》云云……或說近似有理，然考常璩《華陽國志》：「文學神童揚烏，雄子，七歲預父《元（玄）》文，九歲卒。」又《揚雄別傳》：「揚信字子烏，雄第二子。」蓋指此也，則以「童烏」二字連讀者，非無據矣。按《別傳》之說似不可信〔註8〕。

（9）張澍曰：按「烏」為字，「信」為名也。而袁文《甕牖閒評》云云。考《文士傳》漢桓驎《答客詩》曰「伊彼揚烏，命世稱賢」，客示桓驎詩亦云「揚烏九齡」。《郎中鄭固碑》云：「大男孟子有揚烏之才。」此豈作歎詞解乎？近人有拾其餘唾者，亦疏陋之甚〔註9〕。

（10）劉師培曰：王楙《野客叢書》卷8云云，其說是也。「童烏」見《御覽》所引劉向書〔註10〕。

〔註4〕王楙《野客叢書》卷8，收入《叢書集成初編》第304冊，中華書局1985年影印，第74頁。《類聚》卷34引後漢蘇順《歎懷賦》：「童烏濬其明哲，悲何壽之不將。」

〔註5〕王煦《小爾雅疏》卷4，收入《續修四庫全書》第189冊，第372頁。王說「是文」指《小爾雅·廣訓》：「烏乎，吁嗟也。吁嗟，嗚呼也。」

〔註6〕王鳴盛《十七史商榷》卷60，收入《嘉定王鳴盛全集》第5冊，中華書局2010年版，第748～749頁。

〔註7〕桂馥《札樸》卷8，中華書局1992年版，第326頁。

〔註8〕朱亦棟《群書札記》卷16，收入《續修四庫全書》第1155冊，第215頁。

〔註9〕張澍《蜀典》卷2，張澍《養素堂文集》卷11說同，分別收入《續修四庫全書》第735、1506冊，上海古籍出版社2002年版，第152、559頁。

〔註10〕劉師培《揚子法言校補》，收入《劉申叔遺書》，江蘇古籍出版社1997年版，第1041頁。

（11）汪榮寶曰：《華陽國志·序志》云：「文學神童楊烏，雄子，七歲預父《玄》文，九歲卒。」《御覽》卷385引《劉向別傳》云：「楊信字子烏，雄第二子。」按：童烏卒九歲，未必有字，烏蓋小名耳。若云名信，字子烏，則此以父稱子，乃字而不名，非其理矣。又袁文《甕牖閒評》云云，張氏澍《蜀典》駁之。按：自來說《法言》者，皆以「童烏」連文，「烏」是童名。質甫盡廢諸書，妄為穿鑿，不足置辯也〔註11〕。

（12）楊樹達曰：宋袁文云云，宋姚寬《西溪叢話》云「有一老先生讀《法言》」云云，張澍《蜀典》卷2云云。樹達按《御覽》卷385引劉向《別錄》云：「楊信字子烏，雄第二子。」「烏」為雄子之字，毫無可疑。姚、張說是，袁讀非也〔註12〕。

2. 檢S.619《九歲二首》：「玄文會盡同烏在，休泥春秋坐徛（倚）窗。」〔註13〕「同烏」即「童烏」。諸家說「童烏」當連文，是也；但說「童烏」、「烏」是小字，則均誤。烏，讀為牙，烏影母魚部，牙疑母魚部，影、疑古音相通〔註14〕。俗字亦作犴、伢，指小童。「童烏」是「童牙」轉語，猶言童兒、小童，指稱子雲之子。《後漢書·崔駰傳》《達旨》「甘羅童牙而報趙」，李賢注：「童牙，謂幼小也。」《漢武帝內傳》引上元夫人《步玄曲》：「挹景練仙骸，萬劫方童牙。」北魏建義元年（528）《元悌墓誌》：「髟髮行謠，童牙巷歌。」吾家之童烏，猶今言我家的小孩兒。

3.「牙」古音同「吾」，「吾」亦疑母魚部字。《太玄·勤》：「羈角之吾，其泣呱呱。」《列女傳》卷1敬姜斥其子曰：「魯其亡乎，使吾子備官而未之聞耶？」《國語·魯語下》「吾子」作「僮子」。「童烏」同義連文，單言則曰「烏」。楊雄子稱作「楊烏」，「烏」取小兒義，因作小名之稱，「孔牙」、「呂牙」、「伯牙」（一作「百牙」、「伯牙子」）、「鮑叔牙」、「東郭牙」、「呂吾」、「楊吾」、「潘吾」、「薄吾」、「徐吾」、「李吾」都是其比〔註15〕。「兒」同「倪」、

〔註11〕汪榮寶《法言義疏》，中華書局1987年版，第167頁。
〔註12〕楊樹達《古書句讀釋例》，中華書局1954年版，第31～32頁。楊氏誤王楙《野客叢書》為姚寬《西溪叢話》，誤《劉向別傳》為劉向《別錄》。其引文「蘇順」又誤作「蘇傾」。
〔註13〕S.619《九歲二首》，收入《英國國家圖書館藏敦煌遺書》第10冊，廣西師範大學出版社2011年版，第275頁。
〔註14〕《六書故》卷19：「『烏』與『鴉』實一聲之轉，皆因其鳴聲以謂之。」其說是也，單言曰「烏」或「鴉」，複言則曰「烏鴉」。
〔註15〕「孔牙」見《穆天子傳》卷4，「東郭牙」見《管子·小匡》、《管子·桓公問》、

「婗」，古音亦轉作「牙」、「崖」〔註16〕，「童牙」即是「童兒」轉語。《莊子·應帝王》「王倪」，《漢書·古今人表》作「王兒」，亦是「楊烏」之比也。

2021 年 2 月 10 日初稿，3 月 12 日修訂。

《晏子春秋·內篇問上》、《呂氏春秋·勿躬》、《呂氏春秋·重言》、《韓子·外儲說左下》等書，「薄吾」見《史記·倉公列傳》，「徐吾」、「李吾」見《列女傳》卷 6。「呂吾」見《里耶秦簡博物館藏秦簡》，中西書局 2016 年版，第 138 頁。「楊吾」、「潘吾」見羅福頤《增訂漢印文字徵》，紫禁城出版社 2010 年版，第 61 頁。

〔註16〕 參見蕭旭《「嬰兒」語源考》，收入《群書校補（續）》，花木蘭文化出版社 2014 年版，第 2077～2078 頁。又參見蕭旭《〈莊子〉「天倪」解詁》，《學燈》第 3 輯，上海古籍出版社 2020 年版，第 119～122 頁。後文舉證尤詳。

《春秋人名解詁》補說一則

　　《國語・魯語上》「仲孫它」，又「自是子服之妾，衣不過七升之布」。韋昭注：「仲孫它，魯孟獻子之子子服它也。」又曰：「子服，即它也。」

　　王引之曰：「魯仲孫它，字子服。它讀為袘。《說文》：『袘，裾也。裾，衣袍也。』」〔註1〕張澍曰：「『它』即『袘』字。《說文》：『袘，裾也。』」〔註2〕

　　按：王、張二氏說同，讀它為袘者，蓋以「服」為衣服也。余另出一解。它，讀作佗。周代至二漢，古人名佗者多矣，字或作它、他、陀、駝、鮀，音徒何反。《說文》：「佗，負何也。」「何」是「荷」古字，「負何」即「負荷」。服，讀作負，一聲之轉。《周禮・考工記・車人》鄭玄注引鄭司農曰：「服，讀為負。」《淮南子・人間篇》「負輂粟而至」，《御覽》卷627引「負」作「服」。仲孫它字子服者，名字皆取負荷為義。

　　周代至二漢，古人名佗者多矣。據《史記》舉其要者，如：周莊王佗（《周本紀》），陳厲公佗（《陳杞世家》，《十二諸侯年表》、《田敬仲完世家》作「他」），賈佗（《晉世家》），帶佗（《秦始皇本紀》，《陳涉世家》作「帶他」），項佗（《灌嬰列傳》，《曹相國世家》作「項他」，《高祖功臣侯者年表》、《魏豹彭越列傳》作「項它」），尉佗（《孝文本紀》、《南越列傳》，南越王，姓趙，尉是官名。《酈生列傳》作「尉他」，《漢書・高帝紀》作「尉它」），呂他（《呂太后本紀》，《惠景間侯者年表》作「呂它」），盧綰孫他之（《盧綰列傳》），郅他（《韓長孺列傳》），

〔註1〕王引之《春秋名字解詁下》，收入《經義述聞》卷23，江蘇古籍出版社1985年版，第556頁。
〔註2〕張澍《春秋時人名字釋》，收入《養素堂文集》卷32，《續修四庫全書》第1507冊，上海古籍出版社2002年版，第100頁。

劉它（《高祖功臣侯者年表》）。

出土文獻中更多：肖（趙）佗，高佗，吳佗，鄾佗，邯佗，郭佗，呂佗，郲佗，司馬佗〔註3〕，屈㐌，婁佗，五（伍）佗，苟佗〔註4〕，耿佗，鞏佗，李佗，張佗，趙佗，衛佗，檀佗，陽成佗〔註5〕，董佗，許佗，孫佗，王佗，壽佗，尹佗，梁佗，胡佗，段干佗〔註6〕，宋佗，石佗，蘇佗，楊佗，綦毋佗〔註7〕。

出土文獻中「佗」也作「㐌」，如包山楚簡有「屈㐌」、「臨㐌」、「卲㐌」〔註8〕。

東漢末年有名醫華佗，《三國志·魏志·華佗傳》：「華佗，字元化，沛國譙人也，一名旉。」《後漢書·方術列傳》同，《御覽》卷93引《博物志》、卷722引《魏志》、卷933引《後漢書》作「華他」，《洛陽伽藍記》卷5作「華陀」。裴松之注：「古『敷』字與『旉』相似，寫書者多不能別。尋佗字元化，其名宜為旉也。」陳寅恪認為天竺語「藥（agada）」省去「阿（a）」，與「華佗」古音相近〔註9〕，林梅村、梅祖麟从其說而敷言之〔註10〕。今人則多駁陳說。我友龐光華教授從語音學的角度，針對陳寅恪省「阿（a）」說做出反駁，強調梵文中的 agada 不能省寫作 gada，龐兄又指出佗讀作施，訓作教或德，與「化」相應〔註11〕。盛良曰：「『佗』有美的意思，『元化』有上美之花的含義，『旉』有生長繁茂的意思，廣義上也有長得美的意思。」〔註12〕楊德華曰：「『華佗』是一

〔註3〕此上參見湯志彪《三晉文字編》，作家出版社 2013 年版，第 1213～1214 頁。

〔註4〕此上參見李守奎等《包山楚墓文字全編》，上海古籍出版社 2012 年版，第 341 頁。

〔註5〕此上參見王輝《秦文字編》，中華書局 2015 年版，第 1278 頁。

〔註6〕此上參見《漢印文字匯編》，（臺灣）美術屋重印（出版年份不詳），第 25 頁。下引楊琳說引《漢印文字徵》略同。

〔註7〕此上參見李鵬輝《漢印文字文字資料整理與相關問題研究——漢印文字字形表（上）》，安徽大學 2017 年博士學位論文，第 700～701 頁。

〔註8〕參見滕壬生《楚系簡帛文字編》（增訂本），湖北教育出版社 2008 年版。第 1156 頁。

〔註9〕陳寅恪《三國志曹沖華佗傳與佛教故事》，《清華學報》第 6 卷第 1 期（1930年），第 19 頁；又收入《寒柳堂集》，三聯書店 2001 年版，第 179 頁。

〔註10〕林梅村《麻沸散與漢代方術之外來因素》，收入《漢唐西域與中國文明》，文物出版社 1998 年版，第 327～329 頁。梅祖麟《「哥」字的來源補證》，收入《漢藏比較暨歷史方言論集》，中西書局 2014 年版，第 241 頁。

〔註11〕龐光華《華佗非梵語譯音考》，《古漢語研究》2000 年第 3 期，第 55 頁。

〔註12〕盛良《華佗之名不容懷疑》，《南京中醫學院學報》1992 年第 2 期，第 107～108 頁。

個外號，他真名是『華旉』。『佗』字通『它』，故『蛇』字……由於他善於為群眾治蛇傷，人們便叫他『華佗』。」〔註13〕彭華曰：「『佗、他、它、蛇、虵』互為通假。華佗之所以又被人稱作華佗，實乃出於其善治『蟲』（蛇）。華佗的本名是『旉』而不是『佗』，因為善於治『蟲』（蛇）而聲名遠揚，遂被時人美譽為『華佗』。」〔註14〕沈成曰：「佗，引也。貨入曰引。則佗與貨相關。旉，當作專，古布字。則旉亦與貨相關。化，即古貨字。」〔註15〕董志翹列舉《左傳》、《史記》、《後漢書》漢族人名佗者多例，引《說文》「敷，攺（施）也」，認為「佗」有「施加」、「施及」義，與「化」、「旉（敷）」之義相因〔註16〕。楊琳列舉《漢書》、《後漢書》、秦漢璽印漢族人名佗者多例，認為「華佗之名完全符合漢族當時的取名習慣，『佗』有『施加』的意思」〔註17〕。沈成說毫無理據。「專」訓布是布散義，作貨幣的布是布帛義，不得牽混。龐光華、董志翹、楊琳說可信（龐光華讀佗作施雖是，但訓作教或德我則不取），盛良、楊德華、彭華說亦未得。華佗姓華名佗，史書之記載不可以疑。《北史·裴佗列傳》裴佗亦字元化，蓋即效華佗者矣。其名佗者，承前代之流緒，固漢人之常用名。還可以明確的是，「佗」音轉作「施」，古音亦讀「移」。「佗」訓負荷，與「施加」義亦相因。

《三國志》及《後漢書》之《華佗傳》又記載：「華佗遊學徐土，兼通數經，沛相陳珪舉孝廉，太尉黃琬辟，皆不就。」孫紅昺指出據漢代制度，外國人不得舉孝廉〔註18〕。

至於日本學者江上波夫、伊藤義教以及美國人梅維恒又認為華佗是波斯人〔註19〕，也都是不經之談。郭沫若說歲名「困敦」來源於蠍座之巴比倫名GIR.TAB〔註20〕。林梅村說「昆侖」是吐火羅語 Kilyom（o）一詞最早的漢語

〔註13〕楊德華《論華佗名字及「麻沸散」飲法》，《雲南教育學院學報》1990 年第 2
期，第 41～42 頁。
〔註14〕彭華《〈華佗傳〉〈曹沖傳〉疏證》，《史學月刊》2006 年第 6 期，第 79 頁。
〔註15〕沈成《華佗名、字考》，《中醫藥文化》2012 年第 1 期，第 14 頁。
〔註16〕董志翹《佛教文化對中土取名命字的影響》，《蘇州大學學報》2014 年第 3 期，
第 154～156 頁。
〔註17〕楊琳《華佗之名來自外語嗎》，《中國典籍文化》2014 年（總 88 期），第 125
～128 頁。
〔註18〕孫紅昺《駁華佗非中國人說》，《新醫學》1984 年第 8 期，第 444～445 頁。
〔註19〕諸說並轉引自林梅村《漢唐西域與中國文明》，文物出版社 1998 年版，第 339 頁。
〔註20〕郭沫若《釋支干》，收入《郭沫若全集》（考古編 1），科學出版社 1982 年版，
第 280 頁。

譯名〔註21〕。岑仲勉說「昆侖」即「金鄰（Kumran 或 Kunrun）」，陳橋驛從其說〔註22〕。蘇雪林說山名「昆侖」來源於西亞語 Kurkura（她自己說自己不懂西亞語，以意測之），又說波斯語 Kuhinuh 音與「昆侖」更近〔註23〕。再如「天山」即「祁連山」，林梅村說「祁連」一詞似應譯自吐火羅語陽性形容詞體格單數 klomt 和 klyomo 的早期形式 kilyom（o），意為「聖天」〔註24〕。這些說法都不足信，我另有專文駁正。漢語言之研究，在探究語源有困難時，動輒就牽附乞靈於外來語，此則漢語言研究之大不幸也。

〔註21〕 林梅村《祁連與昆侖》，《敦煌研究》1994 年第 4 期，第 115～116 頁。
〔註22〕 陳橋驛《酈學札記》，上海書店 2000 年版，第 230 頁。
〔註23〕 蘇雪林《昆侖之謎》，http://club.xilu.com/wave99/replyview-950484-11043.html。
〔註24〕 林梅村《祁連與昆侖》，《西域研究》，商務印書館 1935 年版，第 97～117 頁。

「便辟」正詁

1. 便辟，亦作「便僻」、「便嬖」，諂媚逢迎貌，又用以指諂媚逢迎之人，特指君主寵幸的小臣。此三解諸家皆得其誼，而其訓詁義，則雖漢唐大儒，亦往往而誤解，亟須考辨，以明其語源。

（1）《書・冏命》：「無以巧言令色，便辟側媚。」《通典》卷 17 引作「便僻」。孔傳：「便辟，足恭。」孔疏：「便僻者，前卻俯仰，以足為恭。」蔡沈《集傳》：「便者，順人之所欲。辟者，避人之所惡。」《論語・公冶長》：「巧言令色足恭。」《集解》引孔曰：「足恭，便辟貌。」孔疏：「巧言令色足恭者，孔以為巧好言語，令善顏色，便辟其足，以為恭。謂前卻俯仰，以足為恭也。一曰：足，成也。謂巧言令色以成其恭，取媚於人也。」《戰國策・齊策四》：「王斗曰：『王使人為冠，不使左右便辟，而使工者何也？』」《御覽》卷 816 引作「便僻」。鮑彪注：「便，順其所好。辟，避其所惡。」鮑氏說同蔡傳。《家語・入官》：「邇臣便辟者，群仆之倫也。」王肅注：「辟，宜為擗。便辟，執事在君之左右者。」朱駿聲曰：「辟，叚借為擘。」〔註1〕

（2）《論語・季氏》：「友便辟，友善柔，友便佞，損矣。」敦煌寫卷 P.2496、P.3433、日本正平刊本作「便僻」〔註2〕，日本山井鼎、物觀《七經孟子考文補遺》卷 183 云：「一本辟作僻。」《類聚》卷 21、《白氏六帖事類集》卷

〔註1〕 朱駿聲《說文通訓定聲》，武漢市古籍書店 1983 年版，第 537 頁。
〔註2〕 李方《敦煌〈論語集解〉校證》以 P.3433 作底本，校曰：「僻，P.2123、S.747 同。」此乃誤校，S.747 作「辟」，P.2123 非《論語》卷子；江蘇古籍出版社 1995 年版，第 734 頁。黃懷信《論語彙校集釋》照鈔，沒有目驗原卷也；上海古籍出版社 2008 年版，第 1474 頁。

10〔註3〕、《後漢書·爰延傳》李賢注、《御覽》卷406引作「便僻」。《集解》：「馬〔融〕曰：『便僻，巧辟（避）人所忌，以求容媚者也。』」〔註4〕鄭〔玄〕曰：『便，辯也，謂佞而辯。』」皇侃疏：「謂語巧能為避人所忌者為便辟也。」〔註5〕朱熹《集註》：「便，習熟也。便辟，謂習於威儀而不直。」《御覽》卷406引注：「便僻，巧譬喻也。」《漢書·佞幸傳》：「咎在親便嬖，所任非仁賢，故仲尼著損者三友。」是班氏以為「便辟」即「便嬖」。《六書故》卷8：「便，順利貫習也。便習於邪僻者謂之便僻。」盧文弨曰：「案《公羊定四年傳》疏：『便辟，謂巧為譬喻。案今世間有一《論語》，音便辟為便僻者，非鄭氏之意，通人所不取矣。』據此則讀辟為譬，本鄭注也。馬融則讀為避，與鄭義異。故皇本注中作『避』，乃惠云『馬、鄭皆讀辟為譬』，誤。」〔註6〕黃式三曰：「便辟者，習慣其盤旋退避之容，一於卑遜，是足恭也。」〔註7〕黃生曰：「《書·冏命》孔傳、蔡傳云云。《論語》：『師也辟。』馬曰：『子張才高過人，失在邪僻文過。』朱註：『習于容止，少誠實。』『友便辟』，馬曰：『巧辟人之所忌，以求容媚。』朱註：『習於威儀而不直。』《孟子》：『便嬖不足使令于前。』朱註：『近習嬖幸之人。』按『便辟』字始見《尚書》，繼見《論語》、《孟子》，《孟》作『便嬖』，當即一義。然諸家解說多不同。今按：便者，順易之意，故有習義。但『辟』字頗難解，余謂『辟』當與『襞積』之『襞』（音壁）同，謂儀節過繁，如衣之襞積也。如此則曰足恭，曰威儀，曰容止，皆可通矣。足恭之人，必為人所喜，故轉為嬖幸之嬖。古但作辟，通借用耳。馬解『辟人所忌』，蔡解『辟人所惡』皆未然。『師也辟』，馬作『邪僻』之『僻』，益遠矣。」〔註8〕孫志祖謂舊有四解，分別讀「辟」為「僻」、「避」、「譬」、「嬖」〔註9〕，而無按斷。朱駿聲曰：「便，叚借為般。

〔註3〕《白帖》在卷34。
〔註4〕皇疏本「巧辟」作「巧避」，敦煌寫卷P.2496、P.3433、S.747同，《治要》卷9引亦同。
〔註5〕程樹德《論語集釋》「語」誤作「悟」，中華書局1990年版，第1151頁。
〔註6〕盧文弨《經典釋文考證·論語音義考證》，收入《續修四庫全書》第180冊，上海古籍出版社2002年版，第263頁。所引惠說見惠棟《論語古義》，收入《叢書集成續編》第34冊，新文豐出版公司1988年印行，第743頁。
〔註7〕黃式三《論語後案》卷16，收入《續修四庫全書》第155冊，上海古籍出版社2002年版，第597頁。
〔註8〕黃生《義府》卷上，收入《字詁義府合按》，中華書局1954年版，第98～99頁。
〔註9〕孫志祖《讀書脞錄》卷2，收入《續修四庫全書》第1152冊，第235頁。

《論語》：『友便辟。』按：猶足恭也。馬注『巧辟』，失之。辟，叚借為嬖。」〔註10〕黃侃曰：「便辟：借為嬖。」〔註11〕馬敘倫曰：「《孟子》：『為便嬖不足使令於前與？』『便嬖』連文，蓋『便』為『嬖』之同唇音轉注字。」〔註12〕石光瑛曰：「當以『便嬖』之說為長。便嬖即嬖幸。」〔註13〕

2. 諸家說「便」，惟朱駿聲讀為般得其誼；說「辟」，惟黃生讀為襞得之，然所釋則誤。便，當讀為般，俗字作盤。「嬖（盤）姍」音轉作「便姍」，又音轉作「便娟」、「便蜎」、「嫚嬛」、「嫚娟」、「便旋」〔註14〕，是其比也。《爾雅》：「般，還也。」《釋文》：「還，音旋。」《說文》：「般，辟也，象舟之旋。從舟從殳。殳，所以旋也。」段玉裁曰：「《人部》『僻』下曰：『辟也。』此『辟』字義同。《投壺》曰：『賓再拜受。主人般旋（還）曰辟。主人阼階上拜送。賓般旋（還）曰辟。』〔註15〕般，步干反。還音旋。辟，徐扶亦反。《論語》包氏注：『足躩如，盤辟皃也。』〔註16〕『盤』當作『般』。般辟，漢人語，謂退縮旋轉之皃也。《大射儀》『賓辟』注曰：『辟，逡遁不敢當盛。』《釋言》曰：『般，還也。』還者，今之『環』字，旋也。」段玉裁又曰：「辟之言邊也，屏於一邊也。」〔註17〕段氏前說是，後說非也。還、旋一音之轉。「般」是「盤旋」正字。「便辟（僻）」即「般辟」音轉，同義連文，盤旋曲折之義。《晉書·潘尼傳》《釋奠頌》：「金石簫管之音，八佾六代之舞，鏗鏘闛闔，般辟俛仰。」此以「般辟」狀其舞步盤旋。諂媚逢迎者其足盤曲，故「便辟（僻）」用以狀足恭之貌，亦指諂媚逢迎之人。「足恭」之足是名詞，指人之足。孔疏一說「足，成也」，非是。朱熹《論語集注》：「足，過也。」亦非是。《列子·力命》：「巧佞、愚直、婩斫、便辟，四人相與遊於世，胥如志也。」盧重玄曰：「便辟，折旋之狀。」殷敬順《釋文》：「便，房連切。辟，婢亦切。便僻，恭敬太過也。」二氏得其正解。《說苑·政理》：「晏子對曰：『願乞骸骨，避賢者之路。』再拜便僻。」〔註18〕

〔註10〕朱駿聲《說文通訓定聲》，武漢市古籍書店1983年版，第839、536頁。
〔註11〕黃侃《說文段注小箋》，收入《說文箋識》，中華書局2006年版，第207頁。
〔註12〕馬敘倫《說文解字六書疏證》卷15，上海書店1985年版，本卷第43頁。
〔註13〕石光瑛《新序校釋》，中華書局2001年版，第580頁。
〔註14〕參見蕭旭《〈說文〉「嬖姍」疏證》，收入《群書校補（續）》，花木蘭文化出版社2014年版，第1851～1864頁。
〔註15〕二「旋」字《禮記》作「還」，段氏誤記，則與下文「還音旋」不相應。
〔註16〕引者按：見《論語·鄉黨》。
〔註17〕段玉裁《說文解字注》，上海古籍出版社1981年版，第404、379頁。
〔註18〕據宋咸淳元年鎮江府學刻元明遞修本、元大德七年雲謙刻本、明鈔本。

漢魏叢書本、龍谿精舍叢書本、子書百家本、四庫本作「便辟」。《意林》卷5引
仲長統《昌言》：「和鑾法駕，清道而行，便辟揖讓，諸夏之威儀，非夷狄之有
也。」二例「便辟（僻）」正狀拜揖者之足盤曲，用其本義。「便辟揖讓」即《左
傳·昭公二十五年》「揖讓周旋」，亦即《淮南子·氾論篇》「盤旋揖讓」也。《晏
子春秋·外篇》作「再拜便僻」〔註19〕，盧文弨依《說苑》改作「便辟」〔註20〕，
錢熙祚《指海》本從之〔註21〕，盧氏未見《說苑》宋、元刻本也；四庫本改「便
僻」作「稽首」，蓋未達其誼而妄改。字亦作「盤辟」、「槃辟」、「磐辟」，《漢書·
何武傳》：「所舉者召見，槃辟，雅拜。」《書鈔》卷85、《文選·射雉賦》李善
注、《白氏六帖事類集》卷7、11、12引作「盤辟」〔註22〕。顏師古注：「槃辟，
猶言槃旋也。」朱駿聲曰：「槃，叚借為般。」〔註23〕姜亮夫曰：「『便辟』與『夸
毗』蓋古今語也。聲變為『槃辟』，《漢書·何武傳》：『槃辟推（雅）拜。』字或
作『旁辟』，《荀子·議兵篇》：『旁辟曲私之屬，為之化而公。』便辟、槃辟、旁
辟，皆便旋、退避、足恭之貌，即以體柔人之義也。音變則為『傅辟』，《荀子·
正名》『不利傅辟者之辭』是。按『傅』或又是『便』之形譌。」〔註24〕姜氏謂
「便辟」、「槃辟」音轉，解作「便旋」，皆是也；而又謂音轉作「旁辟」、「傅辟」
則皆誤〔註25〕。《論語·鄉黨》：「足躩如也。」《集解》引苞氏曰：「槃辟貌也。」
《釋文》：「躩如，盤辟貌。盤，字又作磐。」《文選·射雉賦》：「周環迴復，繚
繞盤辟。」李善本作「磐辟」。徐爰注：「皆迴從往復不正之貌也。」《莊子·田
子方》郭象註：「進退成規矩，從容若龍虎，盤辟其步，委蛇其迹也。」以上諸
例，以「盤（槃、磐）辟」狀其足盤旋迴復。《爾雅》：「婆娑，舞也。」邢昺疏：
「李巡曰：『婆娑，盤辟舞也。』郭云：『舞者之容。』孫炎曰：『舞者之容婆娑

〔註19〕據明活字本、光緒浙江書局刻本。
〔註20〕盧文弨《晏子春秋校正》，收入《群書拾補》，《續修四庫全書》第1149冊，上
海古籍出版社2002年版，第457頁。
〔註21〕錢熙祚《指海》第17集《晏子春秋》卷7，本卷第17頁。
〔註22〕《白帖》分別在卷24、39、44。
〔註23〕朱駿聲《說文通訓定聲》，武漢市古籍書店1983年版，第743頁。
〔註24〕姜亮夫《詩騷聯綿字考》，收入《姜亮夫全集》卷17，雲南人民出版社2002
年版，第358～359頁。
〔註25〕王先謙曰：「旁辟，猶便辟。旁、便雙聲字。」此姜說所本。然其說非是。「旁
辟」同「放僻」，「旁」為本字，旁，不正也。字亦作趽，《賈子·道術》：「衷
理不辟謂之端，反端為趽。」王先謙《荀子集解》，中華書局1988年版，第
288頁。

然。」〔註26〕則婆娑，舞者之狀貌也。」《文選・神女賦》：「又婆娑乎人間。」
李善註：「婆娑，猶盤姍也。」「婆娑」亦作「媻娑」，是「盤姍」、「盤旋」音轉
〔註27〕，可證「盤辟」與「盤姍」、「婆娑」同義。字亦作「蟠辟」，《孟子・盡
心上》趙氏《章指》：「仁義內充，身體履方，四支不言，蟠辟用張，心邪意溺，
進退無容，於是之際，知其不同也。」焦循曰：「般、盤、蟠古字通。」〔註28〕
字亦作「蹣辟」，《南齊書・王融傳》《上武帝論給虜書疏》：「婆娑蹣辟，困而不
能前已。」「蹣辟」是「般辟」的增旁俗字，「便嬖」是小臣義的專字。《說文》：
「嬖，便嬖，愛也。」其語源是「般辟」。上博楚簡（四）《曹沫之陳》簡17～
18：「毋惡（愛）貨資子女，以事其伎遪，所以拒（距）內。」又簡35：「毋辟
（嬖）於伎俾。」清華簡（六）《管仲》簡9：「大夫假事，支（便）俾智（知）
官事長。」「伎遪」、「伎俾」、「支俾」即「便辟」〔註29〕。單言則作「辟」，《論
語・先進》：「師也辟。」蔣斧印本《唐韻殘卷》：「辟，便辟。」倒言則作「辟
便」，《方言》卷3：「儓、䎦，農夫之醜稱也，南楚凡罵庸賤謂之田儓，或謂之
䎦，或謂之辟。辟，商人醜稱也。」郭璞注：「辟，辟便，黠貌也，音擘。」「般
辟」音轉又作「跛躄」、「庲𡍩」，《說文》：「庲，蹇也。」又「跛，行不正也。讀
若彼。」又「躄，人不能行也。」「庲」同「跛」，「躄」俗字作「躃（躄）」。躄
者之行，取「盤姍」為義也〔註30〕。《禮記・王制》：「瘖、聾、跛躄、斷者、侏
儒，百工各以其器食之。」《釋文》：「跛，波我反。躄，必亦反。兩足不能行也。」
上博楚簡（二）《容成氏》簡2：「庲𡍩獸（守）門。」李零、蘇建洲謂「庲𡍩」
即「跛躄」〔註31〕。倒言則作「躄跛」、「躃跛」，《慧琳音義》卷45：「躄跛：并
癖反，《考聲》云：『躄，足徧（偏——痛）枯不任行也。』《韻略》：『跛不能行
也。』《說文》從止辟聲，經從足作躃，誤也。或作躄，通用。」《開元釋教錄》

〔註26〕《詩・東門之枌》孔疏引李巡、孫炎說同。

〔註27〕參見蕭旭《〈說文〉「䗊姍」疏證》，收入《群書校補（續）》，花木蘭文化出版
社2014年版，第1851～1864頁。

〔註28〕焦循《孟子正義》卷26，中華書局1987年版，第909頁。

〔註29〕《禮記・緇衣》「嬖御」，上博簡12作「辟御」，郭店簡23作「卑御」；清華簡
（一）《祭公之顧命》簡16有「俾御」，清華簡（六）《鄭武夫人規孺子》簡7
亦有「卑御」。

〔註30〕《史記・平原君傳》：「民家有躄者，槃散行汲。」「槃散」同「盤姍」。是其證。

〔註31〕李零說見馬承源主編《上海博物館藏戰國楚竹書（二）》，上海古籍出版社2002
年版，第251頁。蘇建洲說見季旭昇主編《〈上海博物館藏戰國楚竹書（二）〉
讀本》，萬卷樓圖書股份有限公司2003年版，第104頁。

卷4：「手腳躄跛。」音轉又作「攣躄」、「攣躄」、「癴躄」、「癴躄」，《慧琳音義》卷2：「攣躄：上力傳反。《考聲》云：『手足屈弱病也。』下并亦反。顧野王曰：『足〔瘺〕枯不能行也。』或作屏（癖）。《說文》攣從手，躄從止，竝形聲字，或從足之也。」又卷78：「攣躄：上戀員反。《爾雅》云：『攣，病也。』顧野王云：『謂病體拘曲也。』《說文》從手戀聲，戀音同上，或作癴也。下并癖反，顧野王云：『躄，謂足瘺枯不能行也。』《說文》：『亦（人）不能行也。從止辟聲。』從足作躄，俗字通用也。」又卷60：「攣躄：上劣專反，俗字也。《韻英》云：『手足筋急拘束，不能行步申縮也。』正體從疒從攣作癴。下音辟。顧野王云：『躄，謂足偏枯不能行也。』」又卷24：「癴躄：上劣圓反。顧野王云：『病也，身體拘曲，手足拳曲也。』《古今正字》義同。亦作攣。下并弈反。顧野王云：『躄，謂足偏枯不能行也。』《說文》作躄，訓同，從止辟聲也。」又卷92：「癴躄：上劣員反。《聲類》云：『癴，病也。』顧野王云：『癴，謂身體拘曲也。』《考聲》云：『手足病也。』《文字典說》從疒爵聲，《字書》從手作攣，或從舛作孿，音義並同。傳文從足作躄（蹍），俗，非字也。下并僻反。《韻略》云：『躄，跛不能行也。』顧野王云：『謂足偏枯也。』《古今正字》義同。從足辟聲，《說文》正從止作躄，音義並同也。」

3.《說文》：「便，安也。人有不便，更之。從人、更。」根據《說文》的體例，許慎認為「便」是會意字。徐鍇《繫傳》明確指出「便」字「此會意」，段玉裁從徐說。朱駿聲曰：「從人從更會意。」鈕樹玉曰：「夐從丙聲，鄭注《考工記》：『便讀如餅。』則『便』當從更聲。」徐灝曰：「此（引者按：指『便』字）當從夐聲為是。夐從丙聲，與偋為雙聲，古音蓋讀如平。」林義光曰：「從人夐聲。」〔註32〕張舜徽曰：「便之言變也。本書《攴部》：『變，更也。變，改也。』許以人夐訓便，殆即此意。」〔註33〕諸說皆誤，「便」不是會意字，亦不是從「更（夐）」得聲的形聲字。何琳儀曰：「便，從人，從更，會改易求安之意。更亦聲。更從丙聲。便，並紐；丙，幫紐。幫、並均屬脣音，便為丙之準聲首。或說：從人，夐聲。」〔註34〕其後說是。「便」本當從「弁」得聲，

〔註32〕徐鍇《說文解字繫傳》，段玉裁《說文解字注》，朱駿聲《說文通訓定聲》，鈕樹玉《說文解字校錄》，徐灝《說文解字注箋》，林義光《文源》，並收入丁福保《說文解字詁林》，中華書局1988年版，第8095頁。
〔註33〕張舜徽《說文解字約注》，華中師範大學出版社2009年版，第1954頁。
〔註34〕何琳儀《戰國古文字典》，中華書局1998年版，第1063頁。

早期西周金文《儹匜》中字形作「𩀱」〔註35〕，此字當分析為從人，右旁上「弁」下「攴」，從「弁」得聲，「攴」為表「鞭扑」義的義符；又形誤從丙作「傻」，復易作「便」形〔註36〕。「弁」俗變作「卞」，故戰國楚簡「便」作「伎」（已見上引上博楚簡），從「卞」得聲。《說文》：「鞭，驅也，從革傻聲。𩏑，古文鞭。」金文《九年衛鼎》作「𩂖」，即《說文》古文「𩏑」的來源〔註37〕，此字從「攴」，從「弁」得聲。古文「𩂖」字即「鞭」字形聲異體。「鞭」所從「便」，亦「伎」之誤。清華簡（六）《子產》「伿之攴」，清華簡（三）《良臣》作「富之厧」，亦其比。「弁（卞）」聲字與「般」聲「采（番）」聲字古音通轉。「弁（卞）」聲字又與「扁」聲字古音通轉，「箯」為竹輿，「緶」為交枲，其語源都是「編」，言編織竹木或麻草所製成的物品；「鯾」或體則「鯿」，所從「便」亦「伎」之誤。「弁（卞）」聲字又與「幷」聲字古音通轉，出土文獻習見，例略。

4.《說文》：「般，辟也。」「辟」是「襞」借字，卷屈、折疊義，與「盤折」義相會。《廣雅》：「襟、疊、襞、䙱，詘也。」《玄應音義》卷4引作「襞，屈也」。王念孫曰：「《玉篇》引《楚辭·哀時命》：『衣攝襟以儲與兮。』今本襟作葉。王逸注云：『攝葉儲與，不舒展貌。』《說文》：『詘，詰詘也，一曰屈襞。』又云：『襞，䙱衣也。』徐鍇《傳》云：『䙱猶卷也。襞，摺疊衣也。故《禮》注謂裙褶為襞積也。』《漢書·揚雄傳》注云：『襞，疊衣也。』司馬相如《子虛賦》云：『襞積褰縐，紆徐委曲。』襞字亦作辟，《士喪禮記》：『裳不辟。』鄭注云：『不辟積也。』《大射儀》注云：『為冪蓋，卷辟綴於篎，橫之。』《莊子·田子方篇》：『口辟焉而不能言。』司馬彪注云：『辟，卷不開也。』凡物申則長，詘則短，故詘謂之攝辟，短亦謂之攝辟。《素問·調經論篇》云『虛者聶辟，氣不足』，是也。《甲乙經》作『攝辟』。」〔註38〕王說至確，故不避繁複，具引於此。《文選·七命》：「萬辟千灌。」李善注：「辟謂疊之。《典論》曰：『魏太子丕造百辟寶劍，長四尺。』王粲《刀銘》曰：

〔註35〕參見容庚《金文編》，中華書局1985年版，第566頁。
〔註36〕參見張守中《睡虎地秦簡文字編》，文物出版社1994年版，第127頁。又參見駢宇騫《銀雀山漢簡文字編》，文物出版社2001年版，第275頁。又參見陳松長《馬王堆簡帛文字編》，文物出版社2001年版，第334頁。
〔註37〕參見容庚《金文編》，中華書局1985年版，第170頁。
〔註38〕王念孫《廣雅疏證》，收入徐復主編《廣雅詁林》，江蘇古籍出版社1992年版，第292～293頁。

『灌辟以數，質象以呈也。』」亦其例。《說文》：「壁，人不能行也。」俗字亦作躄（躃），《素問·痿論篇》王冰註：「躄，謂攣躄，足不得伸以行也。」足不伸為躄，衣不伸為襞，其義一也。《儀禮·士冠禮》：「皮弁服素積。」鄭玄注：「積，猶辟也，以素為裳，辟蹙其要（腰）中。」是辟亦積疊義也。馬王堆漢簡《十問》：「故辟聶懇胠（怯）者，食之恒張。」辟聶猶言屈疊，引申指膽怯。《莊子·列禦寇》：「形諜成光。」郭象注：「諜，便辟也。舉動便辟而成光儀也。」成玄英疏：「諜，便辟貌也。」朱駿聲曰：「諜，叚借為僷。」〔註39〕諜之言牒、僷，借為疊，可證「便辟（僻）」取曲疊、盤折為義也。孫詒讓曰：「成以『諜』為便辟貌，古書亦無此義。疑『諜』當為『渫』之叚字。謂形宣渫於外，有光儀也。」〔註40〕孫氏未知「便辟」所取義。

　　附記：承王志平、龐光華教授審讀，並提出很好的修改意見，謹致謝忱！

　　　此文刊於《中國文字研究》第 27 輯，2018 年版，第 135～139 頁。

〔註39〕朱駿聲《說文通訓定聲》，武漢市古籍書店 1983 年版，第 142 頁。

〔註40〕孫詒讓《〈莊子〉郭象注》，收入《札迻》卷 5，中華書局 1990 年版，第 166 頁。

「祁連山」又稱作「天山」的語言學證據

    1. 二漢時，「祁連山」又稱作「天山」。①《史記・衛將軍驃騎列傳》：「驃騎將軍踰居延，至祁連山。」又「天子曰：『驃騎將軍踰居延，遂過小月氏，攻祁連山。』」《漢書・霍去病傳》同，顏師古注：「祁連山即天山也。匈奴呼天為祁連。」《史記・匈奴列傳》：「驃騎將軍……過居延，攻祁連山。」《索隱》：「祁連一名天山，亦曰白山也。」②《史記・李將軍列傳》：「天漢二年秋，貳師將軍李廣利將三萬騎擊匈奴右賢王於祁連天山。」《集解》引徐廣曰：「出燉煌至天山。」《索隱》：「案：晉灼云：『在西域，近蒲類海。』又《西河舊事》云：『白山冬夏有雪，匈奴謂之天山也。』」《正義》：「《括地志》云：『祁連山在甘州張掖縣西南二百里。』〔註1〕天山一名白山，今名初羅漫山，在伊吾縣北百二十里。」《史記・匈奴列傳》「祁連天山」作「天山」，《漢書・武帝紀》、《李陵傳》、《匈奴傳》同，《武帝紀》顏師古注：「天山，即祁連山也，匈奴謂天為祁連。祁音巨夷反，今鮮卑語尚然。」日人中井積德曰：「胡人謂天為祁連，故祁連山或稱天山，此文『祁連』與『天』重複，宜削其一，《漢書》單云『天山』，得之。」〔註2〕王叔岷曰：「『祁連天山』疑本作

〔註1〕 引者按：《括地志》當止此，下為張氏《正義》按語。中華書局新、舊二版點校本《史記》以下文均《括地志》文，殆誤，中華書局 2014 年版、1959 年版，第 3481、2787 頁。賀次君《括地志輯校》，據《正義》但輯「祁連山在甘州張掖縣西南二百里」一句，得之，中華書局 1980 年版，第 226 頁。

〔註2〕 中井積德說轉引自瀧川資言《史記會注考證》，文學古籍刊印社 1955 年版，第

『祁連山』。後人據《漢傳》注『天』字於『祁連』旁，傳寫因誤入正文耳。《漢傳》之作『天山』，正以說《史記》之『祁連山』也。」〔註3〕中井及王氏說非是，古人自有複語，「祁連山」即「天山」，複言則曰「祁連天山」。《鹽鐵論‧誅秦》：「今匈奴蠶食內侵……故先帝興義兵以征厥罪，遂破祁連天山，散其聚黨。」又《西域》：「匈奴失魄，奔走遁逃，雖未盡服，遠處寒苦磽埆之地，壯者死於祁連天山，其孤未復。」都是其例〔註4〕。③《後漢書‧竇固傳》：「固、忠至天山，擊呼衍王，斬首千餘級。」李賢注：「天山，即祁連山也。」④《御覽》卷50引《九州要記》：「涼州古武成郡有天山，黃帝受金液神丹於此山。」此涼州天山，亦即祁連山，是二漢後猶稱「祁連山」作「天山」也。

2.「天山」何故又稱作「祁連山」？或者說，匈奴人何故「謂天為祁連」，其後鮮卑人又承其語？說者云：

（1）齊召南曰：「『祁連』固即『天』字。」〔註5〕

（2）全祖望曰：「祁連之為天，猶不律之謂筆，師古之言亦未可非……唐之呼『祁羅漫山』，蓋即『祁連山』之轉。」〔註6〕

（3）朱駿聲曰：「天者，『祁連』之合音也。」〔註7〕

（4）葉德炯曰：「『天』緩讀為『祈連』，又為『撐犁』。」〔註8〕

清代學者眾口一詞，都說「祁連」是「天」的緩讀，即「祁連」合音即是「天」。近時學者復有討論，藤田豐八《焉支與祁連》不同意顏師古說。賀德揚《論「祁連」》，林梅村《祁連與昆侖》，王雪樵《古匈奴呼天為「祁連」本出漢語考》，王珏《「祁連」一詞是漢語詞還是匈奴語詞》，牛汝辰《天山（祁連）名稱考源》〔註9〕。諸家說各有得失，其中林梅村《祁連與昆侖》一文說

4494頁。池田四郎次郎《史記補注（下冊）》亦引其說，日本明德出版社1975年版，第324頁。

〔註3〕王叔岷《史記斠證》，中華書局2007年版，第2958頁。

〔註4〕王利器讀作「祁連、天山」，以為是二山，我所不從。王利器《鹽鐵論校注》，中華書局1992年版，第488、500頁。

〔註5〕《四庫全書〈漢書〉卷六考證》，收入景印文淵閣《四庫全書》249冊，臺灣商務印書館1986年初版，第124頁。

〔註6〕全祖望《「祁連山」考》，收入《鮚埼亭集外編》卷40，《續修四庫全書》第1430冊，上海古籍出版社2002年版，第152～153頁。

〔註7〕朱駿聲《說文通訓定聲》，武漢市古籍書店1983年版，第607頁。

〔註8〕葉德炯說轉引自王先謙《釋名疏證補》，中華書局2008年版，第2頁。

〔註9〕藤田豐八《焉支與祁連》，收入《西域研究》，商務印書館1935年版，第97～

「『祁連』一詞似應譯自吐火羅語陽性形容詞體格單數 klomt 和 klyomo 的早期形式 kilyom（o），意為『聖天』」，我完全不能同意。戴春陽說「『祁連』應是蒙古高原南下遊牧民族的語言」〔註10〕，亦是猜測之辭，戴氏並沒有從語言上作論證。

　　3. 我贊成清代學者的意見，但略有修正。「祁連」是「乾」緩讀。《易》之「乾」卦，王家台秦簡《歸藏》「乾」作「天」。《廣雅》：「乾，天也。」漢代「天（透母真部）」讀如「顯（曉母元部）」（透母轉作曉母，真、元旁轉），「顯」與「乾（群母元部）」是轉語（同屬元部，曉、群旁紐雙聲）。①《釋名・釋天》：「天，顯也，在上高顯也。」這是聲訓，是漢代人「天」讀「顯」音的確切證據，無庸懷疑。黃侃曰：「天，顯。此謂天有顯音。」〔註11〕②此音後世有遺存，梁代僧祐所錄佚名翻譯的《法滅盡經》「虛顯雅步」，《華嚴經海印道場懺儀》卷30引同；僧祐所撰《釋迦譜》卷5則引作「噓天」，敦煌寫卷 S.2109 同。可見齊梁間仍讀「天」為「顯」。「噓天」典出《莊子・齊物論》「仰天而噓」〔註12〕。③印度古名「身毒」，讀如「乾毒」（見《史記・大宛列傳》《索隱》），又音轉作「天竺」、「天毒」〔註13〕。《北山錄》卷1：「乾竺，天竺也。」季羨林等認為「天竺」之「天」讀曉母音〔註14〕。《董子・深察名號》、《人副天數》並曰：「身，猶天也。」《呂覽・去宥》、《本生》、《為欲》高誘注並曰：「天，身也。」《淮南子・原道篇》高注同。《玉燭寶典》卷1、《類聚》卷1引《白虎通》：「天者，身也。」都是聲訓。王瀣曰：「『天』、『身』音近，非『天』有『身』義也。」〔註15〕況齊岡本孝曰：「『天』、

117 頁。賀德揚《論「祁連」》，《文史哲》1990 年第 3 期，第 84～86 頁。林梅村《祁連與昆侖》，《敦煌研究》1994 年第 4 期，第 113～116 頁。王雪樵《古匈奴呼天為「祁連」本出漢語考》，《晉陽學刊》1994 年第 4 期，第 106～108 頁。王珏《「祁連」一詞是漢語詞還是匈奴語詞》，《周口師範高等專科學校學報》2002 年第 1 期，第 95～96 頁。牛汝辰《天山（祁連）名稱考源》，《中國地名》2016 年第 9 期，第 16～19 頁。

〔註10〕戴春陽《祁連、焉支山在新疆辨疑（上）》，《敦煌研究》2009 年第 5 期，第 102 頁。

〔註11〕黃侃《文字聲韻訓詁筆記》，上海古籍出版社 1983 年版，第 201 頁。

〔註12〕此處「雅步」不指安閒地行走，當是「邪（衺）步」借字，謂行步不正。

〔註13〕「天毒」見《御覽》卷 790 引《博物志》佚文。

〔註14〕季羨林等《大唐西域記校注》，中華書局 1995 年版，第 163 頁。

〔註15〕王瀣批校乾隆時刊莊逵吉校本《淮南鴻烈解》，收入《子藏・道家部・淮南子卷》第 22 冊，國家圖書館出版社 2017 年版，第 218 頁。

『身』音通。」〔註16〕

顏師古說「匈奴呼天為祁連」，不是說匈奴語稱「天」為「祁連」，而是指匈奴人把漢語的「天」緩讀為「祁連」。再考《漢書‧匈奴傳》「匈奴謂天為撐犁」，《史記‧匈奴列傳》《索隱》引「撐犁」作「撐黎」，《後漢書‧南匈奴傳》李賢注引作「揰犁」，《漢紀》卷11作「撐黎」。葉德炯說「撐犁」亦是「天」緩讀，則是透母轉作端母，真部轉作脂部。後來蒙古語音譯詞又轉作「騰格里」也。

4. 全祖望提到唐代人又稱「祁連山」為「祁羅漫山」者，「羅漫」是「闌」緩讀，「闌」、「連」音轉，故「祁連」緩讀即為「祁羅漫」。「闌」、「連」音轉之證如下：①《說文》「瀾」或從連作「漣」。《詩‧伐檀》：「河水清且漣猗。」《爾雅》引「漣」作「瀾」，《釋文》：「瀾，李依《詩》作『漣』，音連。」②《釋名》：「風吹水波成文曰瀾。瀾，連也，波體轉流相及連也。」《詩‧漸漸之石》鄭玄箋：「今離其繒牧之處，與眾豕涉入水之波漣。」《釋文》：「漣，音連，一本作『瀾』，力安反。」「波漣」即「波瀾」。③《淮南子‧天文篇》：「至於連石，是謂下舂。」高誘注：「連，讀腐爛之爛也。」《初學記》卷1、《御覽》卷3引並有注音：「連，音爛。」《集韻》：「連，郎旰切，連石，山名。」《通雅》卷11引《鄰幾雜志》：「同州民謂連雨為爛雨。」④「囒哰」音轉作「謰謱」。⑤「班爛」、「班斕」、「斑蘭」音轉作「斑連」。⑥銀雀山漢簡（二）《為國之過》簡1048：「欲民之易牧也，不定國風，而欲徒以名數、闌伍、刑罰牧之。」整理者讀「闌伍」為「連伍」〔註17〕。⑦敦煌寫卷S.343《齋儀》：「慈（詞）林定（挺）秀，將覺樹而蘭芳；惠炬楊暉，澄桂輪而含影。」P.2883、S.462「蘭」作「連」。

5. 唐代人又稱作「時羅漫山」，敦煌寫卷S.367《沙、伊等州地志》：「時羅漫山，按《西域傳》，即天山也。」《通典》卷199：「處羅大敗，棄妻子，將左右數千騎，東走遁于高昌，東保時羅漫山。」「時」是「祁」音轉，《春秋‧隱公十一年》：「公會鄭伯于時來。」《公羊傳》「時來」作「祁黎」。《後漢書‧孝明帝紀》李賢注：「天山，即祁連山。祁音時。」《龍龕手鏡》：「祁，俗音時。」裴務齊《刊謬補缺切韻》：「祁，又市支反。」又「時，市之反。」

〔註16〕況齊岡本孝《淮南子疏證》，江戶後期抄本，收入《日本先秦兩漢諸子研究文獻集成》第5輯第2冊，上海社會科學院2017年版，第217頁。

〔註17〕《銀雀山漢墓竹簡（二）》，文物出版社2010年版，第142頁。

「祁」已由群母轉作禪母，與「時」雙聲，之、支旁轉疊韻，故「祁」俗音「時」也。「祁」異體字作「祈」，因又形近而誤作「折」或「析」〔註18〕。《元和郡縣志》卷40：「天山，一名白山，一名折羅漫山。」《通典》卷174：「天山，一名祁連山，今名折羅漫山。」《舊唐書・地理志》：「天水（山），一名白山，胡人呼析羅漫山。」《新唐書・地理志》：「有折羅漫山，亦曰天山。」中華書局點校本《舊唐書》據《元和郡縣志》卷40、《太平寰宇記》卷153改「析」作「折」，點校本《新唐書》無校〔註19〕，都未得其字。《山海經・西山經》「天山多金玉」，《御覽》卷50引之，有注：「天山，今名折羅漫山，在縣北一百里。」〔註20〕「折」亦「祈」形誤。《史記・李將軍傳》《正義》：「天山，一名白山，今名初羅漫山。」張森楷曰：「《舊唐志》『初』作『析』，《新唐志》作『折』，按『初』字誤。」〔註21〕張氏雖指出「初」字誤，但他仍然不曉得其正字，又不曉得「析」、「折」亦是誤字。錢穆但知彙鈔《正義》，渾不辨「初」字之誤〔註22〕。王叔岷《史記斠證》失校〔註23〕。中華書局新點校本《史記》校勘記：「初羅漫山，《通鑑綱目集覽》卷9引《括地志》作『析羅漫山』，《舊唐書・地理志》同。林梅村認為此山名乃吐火羅語之音譯，唐時譯作『祁羅漫山』或『析羅漫山』，『初』當係『祁』字之誤，『折』當係『析』字之誤』。《通鑑》卷21胡三省注引《括地志》、《新唐書・地理志》作『折羅漫山』，『折』疑為『析』之形譌。」〔註24〕林氏說「初」

〔註18〕《廣韻》「公」字條「孔子門人公祈哀」，「祈」為「析」形譌（參見虞萬里《孫詒讓〈廣韻姓氏刊誤〉推闡（卷上）》，收入《榆枋齋學林（下）》，華東師範大學出版社2012年版，第917頁）。《家語・七十二弟子解》「公析哀」，寬永本、宗智本「析」作「折」。P.2883「菩提樹下，屢攀祈以淹留」，S.462「祈」作「折」。《抱朴子內篇・勤求》「効節祈連」，道藏本「祈」作「析」，慎校本、四庫本、道藏輯要本作「折」。《抱朴子外篇・省煩》「尋析憔悴」，慎校本「析」作「祈」。《拾遺記》卷5「有祈淪之國」，《御覽》卷689引「祈」作「折」，《事類賦注》卷12引作「析」。均其相譌之例。

〔註19〕《舊唐書》，中華書局1975年版，第1661頁。《新唐書》，中華書局1975年版，第1046頁。

〔註20〕此當是宋人注，非郭璞原注。

〔註21〕張森楷《史記新校注》，中國學典館複館籌備處1967年版，第4766頁。

〔註22〕錢穆《史記地名考（下）》，收入《錢賓四先生全集》第35冊，聯經出版事業股份有限公司1998年版，第1302頁。

〔註23〕王叔岷《史記斠證》，中華書局2007年版，第2958頁。

〔註24〕《史記》（修訂平裝本），中華書局2014年版，第3481頁。《通鑑綱目》、《通鑑》胡三省注所引《括地志》，亦是錯讀《史記正義》。

是「祁」形譌，是也（嚴格說應是「祈」形譌）；但他說是吐火羅語音譯我則不取，且吐火羅語首音節既譯作「祁」，復譯作「析」，決不可信，「析」是「祈」形譌。

　　　　　　　　2021 年 9 月 23～24 日初稿，2021 年 10 月 4 日修訂。
　　本文刊於《中國訓詁學報》第 5 輯，商務印書館 2022 年版，第 166～170 頁。

「桃華馬」名義考

1. 古說部中常云「手提繡鸞刀，胯下桃花馬」，在早期的漢晉文獻中，馬名「桃花」亦寫作「桃華」、「駣華」、「姚華」：

（1）《肩水金關漢簡》（壹）73EJT8：63：「桃華牡馬一匹，齒十二歲，高☐。」〔註1〕

（2）《肩水金關漢簡》（貳）73EJT21：209：「馬一匹，駣華牡，齒八歲，高六尺。」〔註2〕

（3）《肩水金關漢簡》（肆）73EJH2：41：「方箱車一乘，桃華牝馬一匹，齒七歲，高六尺。」

（4）《肩水金關漢簡》（肆）73EJT37：456：「乘輜車，駕姚華牝馬一匹，齒九〔歲〕。」

（5）《居延漢簡》62.13：「長安宜里閻常，字中允，出，乘方相車，駕桃華牡馬一匹，齒十八歲；駣牝馬一匹，齒八歲，皆十一月戊辰出。」

（6）《爾雅·釋畜》：「黃白雜毛，駓。」晉·郭璞注：「今之桃華馬。」《釋文》：「華，音花，本亦作花，同。」《詩·駉》《釋文》、《初學記》卷29、《類聚》卷93、《埤雅》卷12引作「桃花馬」。《玉篇》：「駓，黃白色，今之桃華。駓，同上。」故宮博物院舊藏吳彩鸞書王仁昫《刊謬補缺切韻》（簡稱《全王》）、故宮博物院舊藏裴務齊正字本《刊謬補缺切韻》（簡稱《王二》）

〔註1〕「桃」字整理者誤釋作「柳」，茲從伊強《〈肩水金關漢簡〉名物詞考釋二則》訂正，簡帛網2014年11月19日。下引伊強說亦見此文。

〔註2〕「華」字整理者作缺文，茲從伊強補釋。

並云：「駻，桃花馬色。」〔註3〕《廣韻》、《五音集韻》、《龍龕手鑑》並同。

（7）梁·簡文帝《西齋行馬》：「晨風白金絡，桃花紫玉珂。」

2.「桃華（花）」的含義，昔人多理解為桃樹的花。周·庾信《燕歌行》：「桃花顏色好如馬，榆莢新開巧似錢。」敦煌寫卷 S.5637《馬》：「其馬乃神蹤駿驊，性本最良。色類桃花，目如懸鏡。」唐·白居易《奉裴令公見招》：「續借桃花馬，催迎楊柳姬。」二位詩人就是這麼理解「桃花」含義的。張震曰：「太宗十驥……桃花色馬，毛色如桃花也。」〔註4〕姚炳曰：「按桃花，良馬名……豈其黃白斑駁如桃片零落者與？」〔註5〕《中文大辭典》：「桃花馬，白毛紅點之馬。」〔註6〕《漢語大詞典》：「桃花馬，名馬，毛色白中有紅點的馬。」〔註7〕後之說者，皆本於二部《詞典》。如：曹鼎曰：「桃花馬，古駿馬名，白毛紅點。」〔註8〕佘正松曰：「桃花馬，因其白毛紅點，形似桃花，故名。」〔註9〕伊強曰：「古書有『桃花馬』的說法。唐杜審言《戲贈趙使君美人》：『桃花馬上石榴裙。』『桃花』作為花紋的名稱也見於馬王堆三號漢墓遣策，簡 400：『鰲縠長襦一，桃華掾。』」郭璞及《玉篇》明確指出黃白雜毛的馬是桃華馬。馬名「桃華（花）」，決不是指花紋豔如桃樹花的馬。郝懿行曰：「按此馬（引者按：指「駻」）毛色雜，故異於黃白之驈，郭以桃華馬當之，恐非。」〔註10〕郝氏未得「桃華」之誼，而遽非郭，誤矣。余迺永校《廣韻》云：「桃花馬色，按《全王》同，《王二》云：『桃花色馬。』」……《全王》增『色』字乃補綴注義，而《王二》倒置『馬色』二字始更切合郭義。」〔註11〕余氏引《王二》「馬色」既誤倒作「色馬」，而謂「桃花色馬」更切合郭義，是亦誤解「桃花」之義也。

〔註3〕 故宮博物院舊藏王仁昫《刊謬補缺切韻》，故宮博物院舊藏裴務齊正字本《刊謬補缺切韻》，並收入周祖謨《唐五代韻書集存》，中華書局 1983 年版，第 441、549 頁。

〔註4〕 元人楊士弘《唐音》卷 3 張震注，收入景印文淵閣《四庫全書》第 1368 冊，臺灣商務印書館 1986 年初版，第 251 頁。

〔註5〕 姚炳《詩識名解》卷 4，收入景印文淵閣《四庫全書》第 86 冊，臺灣商務印書館 1986 年初版，第 370 頁。

〔註6〕 《中文大辭典》，華岡出版有限公司出版 1979 年版，第 7151 頁。

〔註7〕 《漢語大詞典》（縮印本），漢語大詞典出版社 1997 年版，第 2561 頁。

〔註8〕 曹鼎《齊梁體詩傳（下）》，吉林人民出版社 2005 年版，第 254 頁。

〔註9〕 佘正松《邊塞詩選》，鳳凰出版社 2012 年版，第 97 頁。

〔註10〕郝懿行《爾雅義疏》，上海古籍出版社 1983 年版，第 1327 頁。

〔註11〕余迺永《新校互注宋本廣韻》，上海辭書出版社 2000 年版，第 585 頁。

3.「桃花（華）」亦稱作「桃文」，《韓子‧外儲說右下》：「延陵卓子乘蒼龍挑文之乘。」舊注：「言雕飾之。」《御覽》卷 746 引作「桃文」[註12]，松皋圓本同。太田方曰：「挑、銚、桃三字，《集韻》『他彫切』，同音祧。《爾雅‧釋草》『銚芅』注：『今羊桃也，或曰鬼桃，葉似桃，華白，子如小麥，亦似桃。』此『挑文』即是物。蓋如今桃花馬。古者以艸命馬，如驈驪、赤驥、白儀是也。又按：《史記‧秦本紀》云『周穆王得溫驪』，徐廣本『溫』作『盜』，鄒誕生本作『騊』。《玉篇》作『桃驪』，皆音通耳。說者不辨，依字作解，以盜為竊，遂為淺青色，非也。」[註13] 松皋圓曰：「桃文，馬青質有赤文，色如桃花也。」[註14] 考《史記‧秦本紀》：「得驥、溫驪、驊駵、騄耳之駟。」《集解》引徐廣曰：「溫，一作盜。」《索隱》：「溫音盜。徐廣亦作盜。鄒誕生本作騊，音陶。劉氏《音義》云：『盜驪，騊駼也。騊，淺黃色。』八駿既因色為名，騊驪為得之也。」胡吉宣曰：「盜形誤為溫，而復變為馬旁。」[註15]「溫」為「盜」之譌[註16]，故為異文。《索隱》「溫音盜」者，以注音表正字，非「溫」有「盜」音也[註17]。字又誤作「驅」，《玉篇》、《廣韻》並云：「驅，驅驪，駿馬。」「驅」、「溫」亦有可能是「騊」形誤。《廣雅》作「騊駼」，《玉篇》：「驪，盜驪，千里馬也。」又「駼，桃駼馬。」王念孫曰：「《史記》『盜驪』即此『騊駼』也。《玉篇》作『桃驪』，《御覽》引《廣雅》亦作『桃』。《集韻》云：『騊駼，獸名，似馬。』」[註18]《御覽》卷 893 引《廣雅》作「桃駼」，有注：「駼，音黎。」朱起鳳曰：「盜字從次，即古涎字，與『纖』聲相混。『溫』與『盜』形相涉。沿『溫』之音而

〔註12〕《御覽》卷 896、《事類賦注》卷 21 引形誤作「排父」。

〔註13〕太田方《韓非子翼毳》，中西書局 2014 年版，第 555 頁。

〔註14〕松皋圓《定本韓非子纂聞》，昭和 8 年崇文院出版，收入《叢書集成續編》第 40 冊，新文豐出版公司 1988 年印行，第 227 頁。

〔註15〕胡吉宣《玉篇校釋》，上海古籍出版社 1989 年版，第 4474 頁。

〔註16〕錢大昕《聲類》卷 4 亦持此說，收入《嘉定錢大昕全集（一）》，江蘇古籍出版社 1997 年版，第 154 頁。

〔註17〕六朝人多以訓詁音讀改字，《莊子‧馬蹄》《釋文》引向云：「緪，馬氏音竦。」馬氏以讀音改字，非「緪」有「竦」音。《史記‧匈奴列傳》《集解》：「什音斗。」「什」是「斗」誤字，裴氏以讀音正之，非「什」有「斗」音。《史記‧樂毅傳》《集解》引徐廣曰：「磨，歷也。」即謂「磨」是「歷」誤字，非磨有歷訓也。

〔註18〕王念孫《廣雅疏證》，收入徐復主編《廣雅詁林》，江蘇古籍出版社 1992 年版，第 1017～1018 頁。

叚為『驅』，沿『盜』之音而叚為『桃』與『駣』，皆可循迹而得之。」〔註19〕諸家謂「盜」、「桃」、「駣」通，是也〔註20〕，然太氏、松氏以為「桃花」是本義，則望文生訓矣。太田方謂「龖騊、赤蘬、白儀」是以草名馬，尤為妄說。考此三馬名出於《穆天子傳》卷4，郭璞注：「龖騊，疑『驊騊』字。蘬，古驥字。儀，古義字。」《御覽》卷896引作「華騊、赤驥、白義」，《事類賦注》卷21引作「驊騊、赤驥、白義」，《玉海》卷148引作「龖騊、赤蘬、白襛」。《列子·周穆王》作「騞騊、赤驥、白㮪」，張湛注：「騞，古驊字。㮪，古義字。」孫詒讓謂「騞」是「騊（騊）」之譌，「儀（義）」是「駃」之借字〔註21〕。孫說是也，「駃」又音衍作雙音節「駃駃」，馬走搖頭貌。劉氏《音義》解「騊」為「淺黃色」，是為正解，指黃白相雜的毛色，即斑駁色。據此，「桃華馬」即黃白色相雜之馬，近於淺綠色，非色如夭夭灼灼的桃花也。李若暉曰：「『溫』古與『蘊』、『鬱』通，有蘊積意，蘊鬱則色深，故以此狀馬色。考《說文》：『馬三歲曰駣。』與顏色無關，鄒音陶，陶，鬱陶也，則亦有蘊積意。『盜』亦當為『陶』之假。作『竊』者非。盜、駣為陶之音假，溫與陶意通，溫非盜之形訛。」〔註22〕所說全誤。

3.1. 挑、桃、駣，並讀為盜。盜色即竊色，言顏色相雜，即淺色者也。胡吉宣曰：「駣、桃並為盜之聲誤。」〔註23〕太田方謂「以盜為竊，為淺青馬者，誤」，儻矣。岑仲勉謂「盜驪」是突厥語（tar）〔註24〕，亦誤。《列子·

〔註19〕 朱起鳳《辭通》卷2，上海古籍出版社1982年版，第98頁。

〔註20〕 《詩·巧言》毛傳：「盜，逃也。」孔疏引《風俗通》：「盜，逃也，言其晝伏夜奔，逃避人也。」郭店楚簡《老子》甲本簡1「駣賊無有」，今本第19章「駣」作「盜」。上博楚簡（二）《容成氏》簡42「惻逃」，上博楚簡（七）《凡物流形》簡26「惻愍之作」，清華簡（八）《治邦之道》「駣愍不爾（弭）」，皆即「盜賊」。睡虎地秦簡《日書》乙種：「朝兆不得，晝夕得。」九店楚簡《日書》作「朝逃得，晝不得，夕不得」，楚簡整理者讀逃為盜，是也，兆亦借字。九店楚簡例以逃為盜，如「利於寇逃」，「必無堣（遇）寇逃」，皆是。馬三歲或四歲亦謂之「駣」，其語源是「跳」，與此「駣驊」之「駣」是同形異字。《睡虎地秦墓竹簡》，文物出版社1990年版，第245頁。《九店楚簡》，中華書局2000年版，第88、93、120頁。

〔註21〕 孫詒讓《列子札逐》，收入《札逐》卷5，中華書局1989年版，第137頁。另詳方以智《通雅》卷46，收入《方以智全書》第1冊，上海古籍出版社1988年版，第1374～1375頁。

〔註22〕 李若暉《〈列子〉語詞札記》，《武陵學刊》1997年第1期，第87頁；又題作《列子校正》，收入《語言文獻論衡》，巴蜀書社2005年版，第137頁。

〔註23〕 胡吉宣《玉篇校釋》，上海古籍出版社1989年版，第4474頁。

〔註24〕 岑仲勉《突厥集史》附錄《突厥語及其相關外語之漢文譯寫的考定表》，中華

周穆王》：「左驂盜驪。」殷敬順《釋文》：「『盜驪』即《荀子》之『纖離』者
也。」《荀子》見《性惡篇》，楊倞注亦曰：「『纖離』即《列子》『盜驪』者
也。」方以智曰：「凡言竊言盜，皆借色、淺色、閒色也。鳥九扈，有竊脂、
竊藍等色……八駿有盜驪，盜亦竊意，謂淺驪也。」又曰：「盜驪，竊驪也，
一作『温驪』，《荀子》作『纖離』。竊，淺青色。驪，純黑色。《爾雅疏》謂
竊即古淺字。竊脂、竊玄、竊黃之類，皆指色也。纖亦借淺音。」〔註25〕《爾
雅》：「桑扈，竊脂。」郭璞注：「俗謂之青雀，觜曲食肉，好盜脂膏，因名
云。」陸璣《毛詩草木鳥獸蟲魚疏》卷下：「桑扈，青雀也。好竊人脯肉脂
及膏，故曰竊脂。」《類聚》卷 91 引南朝梁劉孝威《正旦春雞贊》：「竊脂善
盜，搏（布）穀難馴。」皆以「盜竊脂膏」說之，非是。丘光庭《兼明書》
卷 3：「郭璞非也。按下文云：『夏扈竊玄，秋扈竊藍，冬扈竊黃，棘扈竊丹。』
豈諸扈皆善為盜而偷竊玄黃丹藍者乎？蓋竊之言淺也。竊玄者，淺黑色也。
竊藍者，淺青色也。竊黃者，淺黃色也。竊丹者，淺赤色也。竊脂者，淺白
色也。今三四月間採桑之時，有小鳥灰色，眼下正白，俗呼白鵊鳥是也。以
其採桑時來，故謂之桑扈。而郭注謂竊脂為盜脂肉，一何謬哉？」《本草綱
目》卷 49：「桑扈乃扈之在桑間者，其觜或淡白如脂，或凝黃如蠟，故古名
竊脂，俗名蠟觜。淺色曰竊。陸機謂其好盜食脂肉，殆不然也。」此皆正解。
《說文》：「虓，虎竊毛謂之虓苗。从虎戔聲。竊，淺也。」段玉裁曰：「苗，
今之貓字，許書以苗為貓也。《釋獸》曰：『虎竊毛謂之虥貓。』竊、虥、淺
亦同音也。此於雙疊韻求之。必言此者，嫌竊之本義謂盜自中出也。《大雅》
曰：『鞹鞃淺幭。』傳曰：『淺，虎皮淺毛也。』言竊言淺一也。《釋鳥》竊
藍、竊黃、竊丹皆訓淺。於六書為假借，不得云竊即淺字。」〔註26〕《廣雅》、
《玉篇》、《廣韻》、《慧琳音義》卷 5 引《考聲》並云：「竊，淺也。」《爾雅》：
「小鷃，盜驪。」沈廷芳曰：「『盜驪』當為『驊騮』。《穆天子傳》作『䯄騮』，
註云：『疑驊騮字。』」〔註27〕浦鏜說同〔註28〕。二氏說非是，《穆天子傳》

　　　書局 1958 年版，第 1130 頁。
〔註25〕方以智《通雅》卷 37、46，收入《方以智全書》第 1 冊，上海古籍出版社 1988
　　　年版，第 1144、1375 頁。
〔註26〕段玉裁《說文解字注》，上海古籍出版社 1981 年版，第 210 頁。
〔註27〕沈廷芳《十三經注疏正字》卷 81，收入景印文淵閣《四庫全書》第 192 冊，
　　　臺灣商務印書館 1986 年初版，第 1082 頁。
〔註28〕浦鏜說轉引自阮元《爾雅注疏校勘記》卷 10，中華書局 1980 年版，第 2657
　　　頁。

卷 4「盜驪」、「驊騮」判然二馬名，又卷 1「盜驪」、「華騮」亦判然二馬名，「華」即「驊」。字亦作纙，《玉篇殘卷》：「纙，《蒼頡篇》：『不青不黃也。』《聲類》：『綠色也。』」敦煌寫卷 P.2011 王仁昫《刊謬補缺切韻》、《廣韻》並云：「纙，不青不黃。」《廣韻》：「纙，纙綠色。」《集韻》：「纙，色在青黃間曰纙。」又「纙，色青黃謂之纙。」又「纙，綠色。」不青不黃即淺綠色。《韓子·外儲說右下》下文：「延陵卓子乘蒼龍與翟文之乘。」〔註29〕舊注：「馬有翟之文。」「翟」即「纙」省文。胡吉宣曰：「盜即纙之假借字。」〔註30〕胡說是也。徐鼐曰：「翟文，即桃文也。」〔註31〕太田方曰：「翟文，亦桃文也。」〔註32〕其說雖是，而於「桃文」卻不了也。《詩·關雎》：「窈窕淑女。」安大簡「窈窕」作「要翟」，此亦翟、桃相通之確證。俞樾據下文讀「桃文」為「翟文」〔註33〕，陳啟天從俞說，云：「翟文，謂馬毛之文如雉羽也。」〔註34〕陳奇猷亦從俞說，云：「山雉之尾長者為翟。翟文之乘，謂馬有如雉尾之紋者。」〔註35〕二陳氏亦皆望文生義也。段玉裁曰：「桃蟲之桃亦取兆聲，謂其小。《列子》『盜驪之馬。』《廣雅》作『駣騱』，《荀卿》、《戰國策》作『纖離』，郭注《穆天子傳》云：『為馬細頸。』此桃訓小之證也。」〔註36〕錢繹說同〔註37〕。二氏引徵諸書，以證「兆」有小義，非也。朱駿聲曰：「盜者次之誤字。」〔註38〕亦非是。張覺曰：「兩處文字不同，不必同解。此文之『挑』可看作『桃』的通假字，下節之『翟』可依其本義解之。」〔註39〕此句兩處文字明明僅「挑」、「翟」相異，張氏未達通借，偏要斷為二概，亦陋甚矣。

3.2.「華（花）」是「驊」音變，驊之言喎，正字作蟣，《說文》：「蟣，不正也。」《集韻》：「莊，不正也，或作華、伭、蟣。」「驊」指馬毛色不正，有

〔註29〕《御覽》卷 896、《事類賦注》卷 21 引「翟文」形誤作「瞿父」。

〔註30〕胡吉宣《玉篇校釋》，上海古籍出版社 1989 年版，第 5442 頁。

〔註31〕徐鼐《讀書雜釋》卷 4，中華書局 1997 年版，第 51 頁。

〔註32〕太田方《韓非子翼毳》，中西書局 2014 年版，第 556 頁。

〔註33〕俞樾《韓非子平議》，收入《諸子平議》卷 21，中華書局 1954 年版，第 430 頁。

〔註34〕陳啟天《增訂韓非子校釋》，臺灣商務印書館 1994 年版，第 612 頁。

〔註35〕陳奇猷《韓非子新校注》，上海古籍出版社 2000 年版，第 838 頁。

〔註36〕段玉裁《說文解字注》「騩」字條，上海古籍出版社 1981 年版，第 151 頁。《戰國策》未見「纖離」之文，而見於《史記·李斯傳》「乘纖離之馬」，疑段氏誤記。

〔註37〕錢繹《方言箋疏》卷 8、12，上海古籍出版社 1984 年版，第 487、706 頁。

〔註38〕朱駿聲《說文通訓定聲》「纖」字條，武漢市古籍書店 1983 年版，第 124 頁。

〔註39〕張覺《韓非子校疏析論》，知識產權出版社 2011 年版，第 860 頁。

雜色毛，是改易義符的淺黃色馬的專字。王引之曰：「《玉藻》：『雜帶，君朱綠，大夫元華。』鄭注曰：『華，黃色也。』馬有華騮之名（華俗作驊，非，《穆天子傳》正作華，郭注曰：『色如華。』）騮為赤色（《說文》：『騮，赤馬，黑髦尾也。』）。則華其黃色與？華騮蓋即黃騮也。《月令》曰：『中央土，天子駕黃騮。』」〔註40〕王說是也，而尚未得正字。字亦作騧，《說文》：「騧，黃馬黑喙。駒，籀文騧。」《爾雅》：「白馬黑唇，駩。黑喙，騧。」郭璞注：「今之淺黃色者為騧馬。」《釋文》：「毛《傳》、《說文》、《字林》皆云：『黃馬黑喙曰騧。』」《肩水金關漢簡》（肆）73EJT37：1131＋479：「乘軺車駕騧牡馬一匹。」俗字亦作騧，《集韻》：「騧、騧：《說文》：『黃馬黑喙，籀從咼。』或作騧。」段玉裁曰：「宋明帝以騧字似禍，改從瓜，遂於古音不合。」〔註41〕段說非是，從瓜是改易聲符的俗字，「踽」或作「跁」，「瞷」或作「䁔」，「劀」或作「刓」，皆其比也。《舊唐書·北狄列傳》載太宗十驥，「八曰流金騧」。《御覽》卷895、《事類賦注》卷21引「騧」作「騧」〔註42〕，《記纂淵海》卷98引作「駒」。「駒」乃「騧」形譌。《論語·微子》：「周有八士……季隨、季騧。」《釋文》：「季騧：古花反。」《廣韻》「季」字條：「《世本》云：『周有八士，季隨、季騧之後。』騧或作瓜。」「瓜」是「騧」音變，「騧」是「瓜」增旁分別俗字。《三國志·胡昭傳》裴松之注：「案《魏略》云焦先及楊沛並作瓜牛廬止其中，以為『瓜』當作『蝸』。」《白氏六帖事類集》卷7、《御覽》卷708引《魏略》作「瓜牛廬」作「蝸牛廬」，《白帖》卷24作「蝸舍」。敦煌寫卷P.2567＋P.2552《唐詩叢鈔》李白《惜罇空》：「〔五〕花馬，千金裘，呼兒將出換美酒，與爾同銷萬古愁。」〔註43〕P.2544、S.2049V「花」作「騧」〔註44〕，「騧」是「騧」形譌，斷無可疑。「花」是「華」俗字。「華」又作「驊」，是增加義符的分別字。《穆天子傳》卷1：「天子之駿……華騮。」郭璞注：「色如華而赤，今名馬縹赤者為棗騮，棗騮，赤也。」《廣雅》作「驊騮」。「驊（華）騮」是指毛色

〔註40〕王引之《春秋名字解詁》，收入《經義述聞》卷22，江蘇古籍出版社1985年版，第538頁。

〔註41〕段玉裁《說文解字注》，上海古籍出版社1981年版，第462頁。宋明帝事見《宋書·明帝本紀》：「改騧邊為瓜，亦以騧字似禍字故也。」又《南史·宋本紀》：「改騧馬字為馬邊瓜，以騧字似禍故也。」

〔註42〕《事類賦注》據《北京圖書館古籍珍本叢刊》第75冊影印本，四庫本引誤作「駒」。

〔註43〕今傳世各本皆作「五花馬」，據補「五」字。

〔註44〕此例承趙家棟博士檢示，謹致謝忱。

駁雜之馬，與「棗騮」指赤色之馬非一物，郭注非是。

4.「桃華（花）」即「駣駶」音變，本當作「盜驪」，是指毛色由黃白二色相雜的馬。或單稱作「駣」、「挑」，《肩水金關漢簡》73EJT9：155：「方相一乘，駣牡馬一匹，齒☒。」又 73EJT3：115：「居延守左部游徼田房年卅五歲，輜車，乘馬二匹，駁挑，齒五歲，高五尺。」〔註45〕「挑」即「桃」、「駣」，指桃華馬。又 73EJT2：54：「馬一匹，駣騂牡，齒☒」「騂」指馬赤黃色。「駣騂」亦「盜驪」之比。馬王堆三號墓遣冊簡 224：「鰲（緱）縠（縠）長襦一，桃華掾（緣）。」謂以黃白二色相雜的顏色作緣。吐魯番文書72TAM151：97《高昌某年衛延紹等馬帳》「☐左桃和馬，☐☐法朗……天馬☐」，「桃和」即是「桃華」音轉，亦即「盜驪」也。

此文刊於《中國文字研究》第 22 輯，2015 年出版，第 187～191 頁。此為修訂本。

〔註45〕「挑」字圖版作「挑」，原整理者作缺文，何茂活釋作「桃」，認為是「駣」的異寫，指三歲馬或四歲馬。何茂活《〈肩水金關漢簡（壹）〉殘斷字釋補》，復旦古文字網 2014 年 11 月 20 日。

「駱駝」名義考

1.「駱駝」有多種寫法：橐駞、橐它、橐佗、橐駝、橐他、橐陀、馲駝、馲馳、駱駝、駱陀、驝駝、驝馳、驝駝、駞駝、駞他、橐馳，等等。

1.1.「駱駝」的早期字形用例如下：

（1）抱經堂刊本《逸周書・王會解》：「請令以橐駞、白玉、野馬、駒駼、駃騠、良弓為獻。」漢魏叢書本、明嘉靖刊本「橐」作「橐」，「橐」是俗省字。《慧琳音義》卷 31、51、80、83 引「橐駞」作「驝駝」。

（2）明成化刊本《山海經・北山經》：「虢山……其獸多橐駝。」郭璞注：「有肉鞍，善行流沙中，日行三百里，其負千斤，知水泉所在也。」道藏本「橐」作「橐」。《慧琳音義》卷 13、17、75 引「橐駝」作「驝駝」，《初學記》卷 29、《御覽》卷 901 引作「橐駝」。

（3）《戰國策・楚策一》：「趙、代良馬橐他必實於外廐。」鮑本作「橐駝」，《史記・蘇秦列傳》同；《初學記》卷 29、《御覽》卷 901 引《史記》作「橐駞」。

（4）敦煌漢簡 2066：「橐他一匹。」

（5）居延漢簡 229.1：「見塞外有橐佗。」

（6）流沙墜簡・雜事類 98：「駞他一匹。」又雜事類 100：「駞他二匹。」

（7）龍谿精舍叢書本《新語・道基》：「夫驢騾駱駝，犀象玳瑁……山生水藏，擇地而居。」明弘治刊本、子彙本作「駱駞」。

（8）《史記・匈奴列傳》：「其奇畜則橐駞、驢驘、駃騠、駒駼、騨騱。」《御覽》卷 901 引「橐駞」同。《索隱》本作「橐他」，《漢書・匈奴傳》作「橐佗」。

（9）《鹽鐵論·力耕》：「是以羸驢、馲駞，銜尾入塞。」《御覽》卷 901 引「馲駞」作「駱駞」。

（10）《方言》卷 7：「自關而西隴冀以往，凡以驢馬馲駝載物者，謂之負佗，亦謂之賀。」《御覽》卷 829 引脫「馲」字，「負佗」作「負他」，「賀」作「荷」。

（11）《漢書·西域傳》：「有驢馬，多橐它。」顏師古曰：「它，古『他』字也，音徒何反。」《御覽》卷 792 引「橐它」作「橐佗」，《初學記》卷 29 引作「馲駝」，《通典》卷 191 作「橐駝」。

（12）《漢書·常惠傳》：「得馬牛驢羸、橐佗五萬餘匹，羊六十餘萬頭，烏孫皆自取鹵獲。」又《西域傳》作「橐駝」，《漢紀》卷 17 作「駱駝」。

1.2.「駱駝」也可以單稱作「駝（駞）」，如：

（13）羅布淖爾漢簡 41：「官駝二匹。」

（14）《類聚》卷 94 引《洛中記》：「有銅鉈二枚，在宮之南四會道頭，高九尺，頭似羊，頸身似馬，有肉鞍，兩箇相對。」《文選·石闕銘》李善注引陸機《洛陽記》：「有銅駝二枚，在宮之南四會道頭。」《初學記》卷 29 引陸翽《鄴中記》：「二銅駞如馬形，長一丈，高一丈，足如牛尾，長二尺，脊如馬鞍，在中陽門外，夾道相向。」〔註1〕「銅駞」指銅製的駱駝，故《類聚》「駞」改從金旁作「鉈」字。

（15）《世說新語·雅量》劉孝標注引《謝車騎傳》：「牛、馬、驢、騾、駝十萬頭匹。」

（16）《拾遺記》卷 3：「有韓房者，自渠胥國來，獻玉駝，高五尺。」〔註2〕《御覽》卷 750 引「駝」作「駞」。

1.3.「駱駝」也可以單稱作「橐」，如：

（17）居延新簡 E.P.T5：97：「賢所追野橐。」

（18）《漢書·百官公卿表》：「牧橐、昆蹏令丞。」顏師古注引應劭曰：「橐，橐駞。」《御覽》卷 230 引「橐」作「橐」。《百官公卿表》：「龍馬、閑駒、橐泉、騊駼、承華五監長丞。」《類聚》卷 49、《御覽》卷 230 引「橐」作「橐」。

2. 關於「駱駝」的名義有六說，說者云：

〔註1〕 《御覽》卷 901 引同。
〔註2〕 《太平廣記》卷 229 引「駝」作「駱駝」。

（1）《史記・匈奴列傳》《索隱》：「韋昭曰：『背肉似橐，故云橐〔駝〕也。』〔註3〕包愷音託。他，或作『馳』。」戴侗《六書故》：「佗，唐何切。背負曰佗（別作『馳、拖、馱、扡』）。匈奴奇畜有橐佗，肩背有肉峰，隆起如橐，能佗重載，故以名之（別作『駱駝』）。」〔註4〕此說以「橐」指駝峰，「佗」指負載。

（2）《漢書・匈奴傳》顏師古注：「橐佗，言能負橐囊而馱物也。」又《司馬相如傳》顏師古注：「橐駝者，言其可負橐囊而駝物，故以名云。」此說以「橐」指橐囊，「佗」指負載。

（3）張世超曰：「『橐駝』應是個雙聲連綿詞……最初應該寫作『石它』或『石沱』，意義為橐囊一類的用具。」〔註5〕

（4）孫伯君曰：「『痀僂』即『中高而四下』之貌。『痀僂』與『駝』語義上同源。聲母*kl-、*gl-與 t-、th-之間在漢語語音發展過程中有演化關係。」曾昭聰從其說〔註6〕。

（5）史有為曰：「駱駝，初作『橐它』、『橐他』、『橐佗』，後文字逐漸意化，成為『橐駝』、『馳駝』等，後因語音訛變而最後寫作『駱駝』。原詞可能為匈奴語『*dada』。」〔註7〕史氏又曰：「駱駝，本作『橐它』、『橐他』、『橐佗』、『橐駝』，後轉作『馳駝』、『駱駝』，又省作『駝』。駱駝來自北方和西北沙漠地區，本非中原之物……『馳』本音 tuō，d、t 和 l 在古代漢語西北某些方言中常混而不分，可以旁轉，讀成 luò。以後就固定讀 luò 音，並借用指白馬黑鬣馬的『駱』記寫，成為『駱駝』……『駱駝』的原詞就是匈奴語的『*dada』。」〔註8〕

（6）李零曰：「『駱』是來母鐸部字，與『潞』、『膚』、『亞』等字讀音相近。『駝』字也同於『亞駝』，承林梅村告知，『駱駝』在印歐語系的西域方言

〔註3〕 「駝」字據《文選・上林賦》李善注引補。
〔註4〕 《六書故》據影抄元刊本，四庫本「拖、馱、扡」誤作「施、馳、拖」。
〔註5〕 張世超《「碢駝」「橐駝」考》，《江漢考古》1992 年第 2 期，第 64 頁。
〔註6〕 孫伯君《「羅鍋兒」「橐駝」語源考》，《瀋陽教育學院學報》1998 年第 4 期，第 11～14 頁。又重複發表於《民族語文》2002 年第 3 期，第 48～49 頁。本文據後者引用。曾昭聰《顏師古〈漢書注〉中的詞源探討述評》，《古漢語研究》2007 年第 2 期，第 29 頁。
〔註7〕 史有為《漢語外來詞》，商務印書館 2000 年版，第 34～35 頁。
〔註8〕 史有為《外來詞——異文化的使者》，上海辭書出版社 2004 年版，第 110～111 頁。

中是讀 Uti，發音正與『亞駝』相近。」〔註9〕

　　史有為原來認為「駱駝」的詞源「可能為匈奴語『*dada』」，但沒有說「*dada」的含義，數年後，他沒有補充證據，卻從猜測語氣「可能」改成了肯定語氣「就是」。至今沒有匈奴語詞典，我不知史有為擬音匈奴語「*dada」的依據是什麼？這種胡亂比附外來語的做法最不足取。原駝自北美經白令海峽來到東半球，在中亞細亞變成雙峰駱駝，是否需要去北美的某種語言找一個詞說成「駱駝」的詞源呢？林梅村說「駱駝」即西域方言中的「Uti」，亦是臆測。都想從外來詞去臆測語源，卻沒有想到從漢語考證語源。孫伯君說「橐駝」是「痀僂」轉語不足取，二者語源不同，「橐駝」以能負重得名，不從外形得名。賈駿曰：「『橐駝』是外來詞，源於匈奴音『dada』〔註10〕。古人所以音譯為『橐駝』，一是取其諧音，一是得其字義。『駝』同『馱』，義為『負重、負荷』……從漢朝至唐代『橐』、『駱』並非一音之轉，亦非方音訛誤，而是完全同音。『橐』音當為『luò』。」〔註11〕此說把匈奴語與漢語牽合一起。

　　3.「駱駝」是漢語，其語源是「託佗」，以能負載重物而得名，專名字作「駝駝」，不是什麼外來詞。

　　3.1. 顏師古、戴侗以「佗」為馱物、背負義，是也。王念孫亦說：「『駝』當為『佗』。《漢書·匈奴傳》作『橐佗』。字或作它，《大宛傳》『驢騾、橐它以萬數』是也。又作他，《楚策》『趙、代良馬橐他』是也。作『駝』者俗字耳。《索隱》本作『橐他』，注曰：『他，或作駝。』（下文『請獻橐他一匹』，『他』字尚未改。）《說文》：『佗，負何也。』」〔註12〕「何」是「荷」古字，「負何」即「負荷」。字作它、他、陀、駝、駞、陀、馳者，都是借字，音徒何反。

　　3.2.「橐」從石得聲，古音與「乇」聲字相通。《初學記》卷5引《春秋說題辭》：「石之為言託也。」〔註13〕銀雀山漢簡（一）《守法》「奸詐之所橐也」，整理者讀橐為托〔註14〕。《老子》第13章「乃可以託於天下」，郭店楚

〔註9〕李零《大地文章：行走與閱讀》，三聯書店2016年版，第184～185頁。
〔註10〕作者自注：參見《漢語外來詞詞典》第219頁，上海辭書出版社1984版。
〔註11〕賈駿《駱駝稱名小考》，《杭州大學學報》1993年第3期，第129～130頁。
〔註12〕王念孫《史記雜志》，收入《讀書雜志》卷3，中國書店1985年版，本卷第31頁。
〔註13〕《書鈔》卷160、《御覽》卷51引同。
〔註14〕《銀雀山漢墓竹簡（壹）》，文物出版社1985年版，第130頁。

簡本「託」作「乇」，帛書甲本作「迂」，帛書乙本、北大漢簡本作「橐」。《戰國策・秦策五》「夫項橐生七歲而為孔子師」，《史記・甘茂列傳》、《新序・雜事五》「項橐」同，《淮南子・修務篇》、《淮南子・說林篇》、《論衡・實知》作「項託」。《呂氏春秋・士節》「盛吾頭於笥中，奉以託」，段玉裁曰：「託者，橐之假借字。」楊樹達說同〔註15〕。「橐駝」之橐亦當讀作託，謂託舉、承託。作專有名詞則易其偏旁從馬作「驝（驝）」、「駝」、「駝」。至二漢時期，透母轉作來母，旁紐雙聲相轉，已成音學定論，故「橐」、「駝」又音轉作「駱」。《汗簡》卷中：「驝，駱，又佗各切。」「駱」從各得聲，「各」是見母字，與透母亦音轉〔註16〕。《管子・國蓄》：「故託用於其重。」又《地數》「託」作「各」。「駱」從各得聲，來母、見母亦是音轉〔註17〕。故《新語》作「駱駝」。《玄應音義》卷6：「駝駝：字書作驝，又作駱。經文作駱，馬色也，白馬黑髦曰駱，駱非今義。」《慧琳音義》卷41：「驝駝：上湯洛反，下唐何反。《考聲》云：『胡畜名也。』經文作『駱駝』。駱音洛，俗用。」〔註18〕又卷60：「駱駝：上音洛。下音陁。俗字也。正體本作『驝駝』。」「駱駝」的「駱」明顯是借字。羅布淖爾漢簡47：「角駝二月癸卯死。」黃文弼說「角、橐音近相通」〔註19〕，角、駱音近亦通。

2022 年 5 月 30 日～6 月 1 日。

〔註15〕段玉裁《說文解字注》「驉」字條注，上海古籍出版社1981年版，第235頁。楊樹達《讀呂氏春秋札記》，收入《積微居讀書記》，上海古籍出版社2006年版，第224頁。

〔註16〕見母、透母音轉參看黃焯《古今聲類通轉表》，上海古籍出版社1983年版，第40、64～65頁。

〔註17〕見母、來母音轉參看黃焯《古今聲類通轉表》，上海古籍出版社1983年版，第41～43、77～79頁。

〔註18〕《慧琳音義》據高麗本，獅谷蓮社本、大正藏本「駝」都誤作「駝」。「駝」即「驝」字。《集韻》：「駝，駝駝，畜名。或作駝、驝，通作橐。」

〔註19〕黃文弼《羅布淖爾漢簡考釋》，收入《黃文弼歷史考古論集》，文物出版社1989年版，第393頁。

「冀州」名義考

1.《說文》：「冀，北方州也。」「冀州」之名義，余所知舊說有五：

（1）《爾雅》：「兩河間曰冀州。」《釋文》引李巡曰：「兩河間，其氣清，厥性相近，故曰冀。冀，近也。」〔註1〕

（2）《淮南子·墜形篇》：「正中冀州曰中土。」高誘注：「冀，大也。四方之主，故曰中土也。」〔註2〕又「少室太室在冀州。」高誘注：「冀，堯都冀州。冀為天下之號也。」

（3）《釋名》：「冀州，亦取地以為名也。其地有險有易，帝王所都，亂則冀治，弱則冀強，荒則冀豐也。」《晉書·地理志》引《春秋元命包（苞）》：「昴畢散為冀州，分為趙國，其地有險有易，帝王所都，亂則冀安，弱則冀彊，荒則冀豐。」

（4）《穀梁傳·桓公五年》《釋文》：「冀州，言去京師近也。」丁山據其「去京師近」之說，復申言曰：「顧氏《日知錄》因之謂『古之天子，常居冀州，後人因之遂以冀州為中國之號』，故書皆稱中國為冀州，或曰中冀，或曰中土。則冀之為言中也，非北方州之名。」〔註3〕張舜徽曰：「冀之言畿也，近也。謂近在邦畿千里之內也。」〔註4〕

（5）段玉裁曰：「據許說是北方名冀，而因以名其州也。段借為望也、幸

〔註1〕《書·禹貢》孔疏引無「厥」字，餘同。
〔註2〕《御覽》卷157引「四方之主」作「為四方內主」。
〔註3〕丁山《說「冀」》，《歷史語言研究所集刊》第1本第2分，1930年版，第238頁。《日知錄》見卷2。
〔註4〕張舜徽《說文解字約注》，華中師範大學出版社2009年版，第2006頁。

也，蓋以『冀』同『覬』也。覬者，欲幸也。」〔註5〕

李巡謂「厥性相近，故曰冀」，然則其餘八州之人，性亦各相近，何不亦稱「冀」？此非命名之理也。段玉裁謂「冀」指北方，無有所據；下語是說「冀」的假借義，表達的是另外的一層意思。另三說皆牽於「冀」是天子之都言之，或訓為「大」，或訓為「近」、「中」，或訓為「望幸」、「希冀」，各以臆度之，恐皆未得其實。吳志忠及佚名校《釋名》，據「有險有易」文，於其下補「冀，易也」三字〔註6〕，更是妄說。

2.「冀」為「忮」音轉，複言之則曰「懻忮」。《說文》：「忮，很也。」又「很，不聽從也，一曰盭也。」「忮」是很戾、違逆之誼。《莊子·天下》：「不忮於眾。」郭象注：「忮，逆也。」又《齊物論》：「大勇不忮。」成玄英疏：「忮，逆也。」《說文》：「駤，馬彊也。」「駤」是馬彊很的分別字。S.2071《切韻箋注》：「忮，懻忮，害心。」字亦作伎，《廣韻》：「伎，傷害也，亦作忮。」《詩·瞻印》：「鞫人忮忒。」毛傳：「忮，害也。」《說文》、《玉篇》、《廣韻》、《集韻》引作「伎」。《法言·重黎》：「始皇方虎挐而梟磔，噬士猶腊肉也，越與亢眉，終無橈辭，可謂伎矣。仕無妄之國，食無妄之粟，分無妄之橈，自令之間而不違，可謂曲矣。」汪榮寶曰：「伎，讀為為駤。伎、曲相反為義，謂彊而終屈也。」〔註7〕字亦作枳，《孔叢子·刑論》：「不赦過，謂之逆；率過以小罪，謂之枳。」枳亦逆也，言彊逆言也。《小爾雅》：「枳，害也。」俗字亦作懻，《史記·貨殖傳》：「人民矜懻忮，好氣，任俠為姦，不事農商。」《集解》引臣瓚曰：「懻音慨。今北土名彊直為『懻中』也。」《漢書·地理志》：「趙地……迫近胡寇，民俗懻忮，好氣，為姦，不事農商。自全晉時，已患其剽悍，而武靈王又益厲之。故冀州之部，盜賊常為它州劇。」顏師古注引臣瓚曰：「懻音冀，今北土名彊直為『懻中』。」顏氏曰：「懻，堅也。忮，恨（很）也。」皆得其誼。朱起鳳曰：「忿古本作憤，班書懻即憤字之訛。」朱氏以為「懻忮」即「忿忮」之誤〔註8〕，非是。P.2011王仁昫《刊謬補缺切韻》：「懻，強直。」裴務齊《正字本刊謬補缺切韻》引《巨書》：「直強曰懻。」《玉篇》：「懻，北方名強直為懻，又懻忮也。」《廣韻》：「懻，強力兒。」《釋名》：「肌，懻也，膚幕（膜）堅懻也。」《史記·

〔註5〕 段玉裁《說文解字注》，上海古籍出版社1981年版，第386頁。
〔註6〕 皆轉引自任繼昉《釋名匯校》，齊魯書社2006年版，第80頁。
〔註7〕 汪榮寶《法言義疏》卷14，中華書局1987年版，第370頁。
〔註8〕 朱起鳳《辭通》卷16，上海古籍出版社1982年版，第1712頁。

酷吏列傳》：「與汲黯俱為忮。」《集解》引《漢書音義》：「忮，堅忮也。」《漢書》顏師古注：「忮，意堅也。」「堅懬」即「堅忮」也。《備急千金要方》卷81引《抱朴子》：「立不至疲，臥不至懬。」〔註9〕「懬」皆堅很義。1930年《新河縣志》：「強直曰懬。」〔註10〕是其語猶存於近代河北方言中也。字亦作暨，《禮記・玉藻》：「戎容暨暨。」鄭玄注：「暨暨，果毅貌也。」孔疏：「暨暨，果毅剛強之貌。」《廣雅》：「暨暨，武也。」果毅之與很戾，一義之二面耳。胡吉宣曰：「暨與懬通。駿馬謂之驥，亦強力義也。」〔註11〕胡說是也。岑仲勉說「驥」是突厥語（qizil）音譯〔註12〕，臆測無據。字亦作臀、肷、氞，是「閃腰」義的專字，音則轉為居代切。《玉篇》：「臀，公對切，腰痛也。」P.2717《碎金》：「人臀要（腰）：孤外反。」《集韻》：「臀，臀要（腰）者，忽轉動而踠，或作肷，亦書作氞。」《六書故》：「臀，古外、居代二切，轉動而要（腰）踠痛也。」《肘後備急方》卷4：「臀腰者，猶如反腰，忽轉而俛（踠）之。」字亦作概，《巢氏諸病源候總論》卷5：「四曰臀腰，墜墮傷腰，是以痛。」日人丹波康賴《醫心方》卷6引作「概腰」。俗又作借音字「寄」，《外臺秘要方》卷17引《素女經》：「腰脊疼痛，頭項寄彊。」又「頭項寄彊，不得迴展。」「寄彊」是同義連文，「寄」正彊直不舒之義，與「彊」組成並列結構。沈澍農認為「寄彊」即「彊」，是蔣禮鴻所說的「嬴縮同源詞」，他解釋說：「彊，當讀為『倔彊』之『彊』。寄，沒有彊直不舒或疼痛酸楚等義，不能與『彊』組成並列結構，不能用作程度副詞，故亦無修飾之意。只是因為《素女經》以四字句式為主，在『彊』之前需加字以補足音節，因而選取了『寄』字，而『寄』（見紐）字與『彊』（群紐）字為準雙聲關係。」〔註13〕沈說「『彊』讀為『倔彊』之『彊』」是對的，但說「寄」

〔註9〕元・危亦林《世醫得效方》卷20引同，《雲笈七籤》卷35引作「坐不至疲，臥不至懬。」有注：「懬，居致切，強也，直也。」《御覽》卷668但引「坐不至疲」一句。宋紹興本《抱朴子內篇・極言》作「坐不至久，臥不及疲」，明・孫一奎《赤水元珠》卷10引同，此後人所妄改也。宋・張杲《醫說》、宋・曾慥《類說》卷49：「立不至疲，臥不至厭。」「厭」雖臆改，然可知明代以前各本《抱朴子》皆作「立不至疲」或「坐不至疲」。王明謂作「坐不至久」為是，失之。王明《抱朴子內篇校釋》，中華書局1985年版，第251頁。

〔註10〕轉引自許寶華、宮田一郎《漢語方言大詞典》，中華書局1999年版，第7465頁。

〔註11〕胡吉宣《玉篇校釋》，上海古籍出版社1989年版，第1681頁。

〔註12〕岑仲勉《突厥集史》附錄《突厥語及其相關外語之漢文譯寫的考定表》，中華書局1958年版，第1129頁。

〔註13〕沈澍農《中醫古籍用字研究》，南京師範大學2004年博士學位論文，第58頁。

字補足音節，牽就於蔣禮鴻所說的「贏縮同源詞」，則非也。考明人朱櫹《普濟方》卷 222 改「寄彊」作「急彊」，以音近易之。《巢氏諸病源候總論》卷 2：「骨筋急強。」又「頸骨急強。」《外臺秘要方》卷 15：「發即頭項脈掣動急強。」又「項筋急強。」《銅人鍼灸經》卷 6：「頭項急，不可傾側。」我舊說「寄」是「急」的音誤字，又疑「寄」是「擠」的記音字〔註 14〕。「急」、「臂」音亦轉，後說則非是。

3. 冀州之人，其性格很戾、堅毅、剛強、剽悍，這在古籍多有記載。上引《史記・貨殖傳》、《漢書・地理志》，言趙俗懻忮，是其例。《漢書・地理志》：「薊……其俗愚悍少慮，輕薄無威，亦有所長，敢於急人，燕丹遺風也。」如淳注：「赴人之急，果於赴難也。」又「趙、中山地薄人眾，猶有沙丘紂淫亂餘民。丈夫相聚遊戲，悲歌慷慨，起則椎剽掘冢，作奸巧，多弄物，為倡優。」又「邯鄲北通燕、涿……其土廣俗雜，大率精急，高氣埶，輕為姦。」薊、邯鄲、趙、中山，皆屬古冀州地。《太平寰宇記》卷 63 引《十三州志》：「冀州之地，蓋古京也。人患剽悍，故語曰：『仕宦不偶值冀部。』其人剛狠，淺于恩義，無賓序之禮，懷居慳嗇。古語云：『幽冀之人鈍如椎（棰）。』〔註 15〕亦履山之險，為逋逃之藪。」《隋書・地理志》：「前代稱冀幽之士鈍如椎（棰），蓋取此焉。俗重氣俠，好結朋黨，其相赴死生，亦出於仁義。故《班志》述其土風，悲歌忼慨，椎剽掘冢，亦自古之所患焉。前諺云：『仕官（宦）不偶遇冀部。』實弊此也。」皆記載冀地人性格懻忮也。

4. 古人統稱北方兩河之間為「冀州」，當取其民俗懻忮、剽悍為義。《說文》：「埍，堅土也。」古聲「自」、「既」、「氣」相通〔註 16〕，「埍」、「暨（懻）」當同源。土之剛硬曰「埍」，人之性格剛很為「暨（懻）」，馬彊曰驥，其義一也。「慨」為慷慨憤激，「愾」為恨怒，受義亦與「懻」同源。

附記：本文承龐光華教授審讀過，謹此致謝！

〔註 14〕蕭旭《釋「寄彊」》，收入《群書校補（續）》，花木蘭文化出版社 2014 年版，第 2257～2259 頁。

〔註 15〕此語見《御覽》卷 464、763、764 引王隱《晉書》「幽冀之士鈍如椎（棰）」，《金樓子・捷對》作「燕代之人鈍如椎」，《洛陽伽藍記》卷 3 作「燕趙之士鈍如錘」。

〔註 16〕參見張儒、劉毓慶《漢字通用聲素研究》，山西古籍出版社 2002 年版，第 889、892 頁。

「乾鵲」名義考

1.「乾鵲」名義有三說：

（1）宋人陸佃曰：「鵲知人喜，作巢取在木杪枝，不取墮地者，皆傅枝受卵，故一曰乾鵲。」宋人蔡卞說同〔註1〕。

（2）宋人吳曾曰：「前輩多以『乾鵲』為乾音干，或以對『濕螢』者有之。唯王荊公以為『虔』字，意見於『鵲之彊彊』，此甚為得理。余嘗廣之曰：乾，陽物也，乾有剛健之意。」〔註2〕明人方以智亦取王安石說「乾鵲音虔，謂健鵲也」〔註3〕。

（3）明人李時珍曰：「鵲鳴唶唶，故謂之鵲……性最惡濕，故謂之乾。」〔註4〕

據余考證，「乾」取乾燥之義，音干，陸佃說鵲作巢在木杪枝，即是此義。「鵲」亦取乾燥之義，而非取義於鵲鳴唶唶。下文分疏之。

2.「乾鵲」即山鵲，今俗謂之喜鵲。鵲之言昔也，《說文》：「昔，乾肉也。」俗作腊字，《周禮·天官·腊人》「腊人掌乾肉」，鄭玄注：「腊，小物全乾。」《玉篇》：「腊，乾肉也。」引申亦是乾義。字或作焟、暗，《廣雅》：「焟，乾也。」P.2011 王仁昫《刊謬補缺切韻》（下文省稱作《王韻》）：「焟，乾。」

〔註1〕陸佃《埤雅》卷6，蔡卞《毛詩名物解》卷7，分別收入《四庫全書》第222、70冊，臺灣商務印書館1986年初版，第103、560頁。

〔註2〕吳曾《能改齋漫錄》卷3「乾鵲音干為無義」條，收入《叢書集成初編》第289冊，中華書局1985年影印，第40頁。「鵲之彊彊」見《詩·鶉之奔奔》。

〔註3〕方以智《通雅》卷45，收入《方以智全書》第1冊，上海古籍出版社1988年版，第1340頁。

〔註4〕劉衡如等《本草綱目新校注》卷49，華夏出版社2008年版，第1755頁。

《玉篇》：「熇，乾也，亦〔作〕暵，同。」《國語·魯語上》「以為夏槁」，韋昭注：「槁，乾也。」《玉燭寶典》卷3引舊注作「槁，暵也」。「乾鵲」即「乾昔」、「乾腊」，古語，乾燥義。《釋名》：「腊，乾昔也。」《初學記》卷28引《山海經》佚文：「雲山之上，其實乾腊。」郭璞注：「腊，乾梅也。」《禮記·檀弓上》鄭玄注：「木工宜乾腊，且豫暴。」《釋名》：「複，其下曰舃。舃，腊也。行禮久立，地或泥濕，故複其末下，使乾腊也。」《古今注》卷上：「舃，以木置履下，乾腊不畏泥濕也。」〔註5〕《楚辭·九辯》「柯彷彿而萎黃」，王逸注：「肌肉空虛〔註6〕，皮乾腊也。」《齊民要術》卷2：「凡此諸芋，皆可乾腊，又可藏至夏食之。」《大唐西域記》卷12：「其屍乾腊，今猶不壞（壞）。」〔註7〕皆是其例。亦作「乾暵」，《慧琳音義》卷82：「乾暵：音昔，肉乾也。」又作「旆鰽」，上博楚簡（二）《容成氏》簡23＋24「面旆鰽」，某氏說「旆鰽」即「乾腊（昔）」〔註8〕，是也。倒言則作「腊乾」，《靈樞經·刺節真邪》：「腠理閉塞，則汗不出，舌焦脣槁，腊乾嗌燥，飲食不讓美惡。」〔註9〕張介賓注：「腊乾，肌肉乾燥也。腊，音昔。」〔註10〕山鵲搆巢常在木杪之枝，喜燥惡濕，故名為「乾鵲」，改從隹作「鵲」是其專名用字。《禮記·檀弓下》有人名「陳乾昔」（《釋文》：「乾，音干。」），蓋以鳥名取作人名〔註11〕，此古人常例。

「乾鵲」亦作「鴽（隺）鵲（雖）」，《王韻》：「鴽，鴽鵲鳥，知來事。鵲字或〔作〕鵲，〔吉〕沃〔反〕。或作隺。」S.2071《切韻箋注》：「鴽，鴽鵲，鳥名，知來事。鵲或作鵲，吉沃反。」《廣韻》：「鴽，鴽鵲，鳥名，知未來事，噪則行人至。鵲字或作雖。」《妙法蓮華經玄義釋籤》卷22：「世人以蜘蛛掛則喜事來，鴽鵲鳴則行人至。鴽鵲鳴者，鴽鵲，小鵲也。《西京雜記》云：『乾鵲

〔註5〕 《御覽》卷697引「泥濕」作「泥溺」，乃臆改。《釋名》是其所本，《廣韻》「舃」字條引仍作「泥濕」。

〔註6〕 《文選·九辯》李善注引「肌肉」作「腹內」。

〔註7〕 此據宋本，《大正藏》本「壞」形誤作「壞」。

〔註8〕 「抱小」說，復旦古文字網2015年12月19日。孟蓬生讀作「乾骰」，茲所不從。孟蓬生《上博竹書（二字詞札記）》，簡帛網2003年1月14日。

〔註9〕 《太素》卷22引誤作「舌焦脣槁，腊嗌乾欲飲，不讓美惡也」。

〔註10〕 張介賓《類經》卷21，收入《四庫全書》第776冊，臺灣商務印書館1986年初版，第411頁。

〔註11〕 王筠謂「人名乾昔者，或取堯如腊之義」，存參。王筠《說文解字句讀》，收入丁福保《說文解字詁林》，第6847頁。

鳴者則行人至。』亦可作『雑』，今時書本多作『乾』字。」

3. 上引韻書說「鵲或作䳍（雑）」，言其別名，非謂其是異體字也。「乾鵲」又稱作「乾鵲」、「鳭（雑）鵲」，《廣雅》：「雑鵲，鵲也。」《王韻》：「雑，鳭鵲，似鵲，鳥名，亦作鵲。」蔣斧印本《唐韻殘卷》（下文省稱作《唐韻》）：「雑，鳭鵲，鳥名，似鵲。」（裴務齊《正字本刊謬補缺切韻》（下文省稱作《裴韻》）脫「名」字。

《淮南子‧氾論篇》：「猩猩知往而不知來，乾鵲知來而不知往。」高誘注：「乾鵲，鵲也。人將有來事憂喜之徵則鳴，且知來也。知歲多風，多巢於木枝，人皆探其卵，故曰不知往也。乾讀乾燥之乾，鵲讀告退之告。」《御覽》卷 921 引「乾鵲」同，《儀禮‧大射儀》鄭玄注引《淮南子》作「鳭鵲」，與高誘本合；《類聚》卷 92、《酉陽雜俎》卷 16、《事類賦注》卷 19、《緯略》卷 1、《能改齋漫錄》卷 3 引《淮南子》作「乾鵲」，當是許慎本，故與高誘本作「乾鵲」異。《論衡‧龍虛》、《是應》並云「狌狌知往，乾鵲知來」，又《實知》云「狌狌知往，鳭鵲知來」，《金樓子‧志怪》「乾鵲知來，猩猩識往」，梁孝元帝《玄覽賦》「鴛鴦感夢，乾鵲知來」，所據亦是許慎本《淮南子》。《西京雜記》卷 3 引陸賈曰「乾鵲噪而行人至，蜘蛛集而百事喜」〔註12〕，亦謂乾鵲知來也。《拾遺記》卷 2「塗脩國獻青鳳、丹鵲」，《白氏六帖事類集》卷 4、《初學記》卷 25 引「鵲」同；《白氏六帖事類集》卷 29、《初學記》卷 20、《御覽》卷 702、769、《太平廣記》卷 226、《事類賦注》卷 14 引作「鵲」；《白氏六帖事類集》卷 29「鵲」條、「鵲」條二引各如詞條；《述異記》卷下亦作「鵲」。

鵲之言皵也。P.2058《碎金》：「乾皵皵：口角反。」P.2717、S.6204 同，P.3906「皵」形誤作「䠓」。今吳方言猶有「乾皵皵」、「硬皵皵」、「澀皵皵」之語。又轉作「乾确确」，唐‧戴叔倫《屯田詞》：「麥苗漸長天苦晴，土乾确确鉏不得。」「皵」轉語又作「毊」，「皵皵」轉語作「毊皵」，乾硬貌。《裴韻》、《王韻》並云：「皵，毊皵，皮乾。」（《唐韻》「毊」作「磬」，《玉篇》「皮乾」下有「貌」字）《唐韻》、《王韻》並云：「毊，毊皵。」《集韻》：「皵，毊皵，乾也。」復考《說文》：「磬，石聲。」又「硞，石聲。」磬、硞一聲之轉，複語則曰「磬硞」，與「毊皵」同源。《文選‧江賦》：「幽澗積岨，磬硞礐确。」

〔註12〕《太平廣記》卷 135 引「乾鵲」作「午鵲」，「午」是「干」形誤。張國鳳《太平廣記會校》僅列異文，而不知孰是，北京燕山出版社 2008 年版，第 1886 頁。

－2131－

李善注：「礐硞、砐硪，皆水激石嶔崟不平之皃。」劉良注：「礐硈（五臣本『硞』作『硈』）、砐硪，石聲也。」《廣韻》：「礐，礐硞，水石聲也。」「礐硞」是狀水石堅擊之聲。

考《說文》：「鶾，鶾鷐也。」又「鷐，鶾鷐，山鵲，知來事鳥也。」《唐韻》：「鷐，山鵲，赤喙，長毛，知來而不知往。」「鶾鷐」即是「乾鵲」轉語〔註13〕。鶾之言乾也，亦是改從隹之專名用字。

「乾皵」亦謂乾燥，與「乾昔」同義，故「乾鵲」又稱作「乾鵠」。楊琳說「鵠」是「鵲」字形誤〔註14〕，亦是未達其詣。

余不取「剛健」、「鵲鳴嗃嗃」說者，若「鵲」取鳴聲為義，則無以說其別名作「乾鵲」矣，亦無以說先秦複底之履取名「舄」（據《說文》，「舄」是「誰（鵲）」古字）。履名舄，鳥名誰〔註15〕，均取喜乾燥為義也。高誘說「乾讀乾燥之乾」，自是相傳古音如此，「乾」不得讀「虔」音，王安石說不可信。《漢書·司馬相如傳》「弋白鵠」，顏師古曰：「鵠，水鳥也，其鳴聲鵠鵠云。」顏氏鳴聲說亦不可信。

4. 附帶辨正一個誤說。《抱朴子內篇·對俗》：「歸終知往，乾鵲知來。」孫人和曰：「乾鵲知來，古寫殘卷作『乾吉』，皆非也。『鵲』乃『鵠』字之誤，『吉』乃『告』字之殘。《淮南子·氾（汜）論篇》云云，高注云云。《易林·小畜之漸》云『餌吉知來』，『餌吉』即『乾告』之訛。《列女傳·晉羊叔姬傳》云『南方有鳥名曰乾吉』，『吉』亦『告』字之誤。《論衡·龍虛》、《是應》二篇，亦並誤作『乾鵲』。」〔註16〕

按：孫氏謂「乾鵲」當作「乾鵠」，非是。宋紹興本、道藏本、明魯藩本、慎懋官校本等各本皆作「乾鵲」。以王充證王充，愈知「乾鵲」即是「鳱鵲」，其字不當輒改作「乾鵠」。敦煌本作「乾吉」，孫氏校作「乾告」則是也。孫氏所引《易林·小畜之漸》「餌吉知來」，原文是「鳴鳩飛來，告我無

〔註13〕 參見王念孫《廣雅疏證》，收入徐復主編《廣雅詁林》，江蘇古籍出版社1992年版，第990頁。陶方琦《許君〈說文〉多採用〈淮南〉說》，收入《清經解續編》，鳳凰出版社2005年版，第7145頁；《子藏》誤繫作者為王仁俊，《子藏·道家部·淮南子卷》第50冊，國家圖書館出版社2017年版，第337頁。
〔註14〕 楊琳《箭靶中心何以稱「鵠」》，《中國典籍與文化》2003年第1期，第95頁；又收入楊琳《語文學論集》，人民出版社2019年版，第34頁。
〔註15〕 《淮南子·原道篇》：「故夫鳥之啞啞，鵲之嗃嗃，豈嘗為寒暑燥濕變其聲哉？」鵲鳴嗃嗃，但非其得名之由。
〔註16〕 孫人和《抱朴子校補》，民國鉛印本，第6頁。

憂」，孫氏誤其出處。元刊本《晉之艮》「餌吉知來，告我無咎」，道藏本作
「神馬來見，告我無憂」，《家人之大畜》「神馬」作「神鳥」；「餌吉」或是
「神鳥」之誤，不能必是「乾告」。又孫氏所引《列女傳》，原文是「南方有
鳥名曰乾吉，食其子，不擇肉，子常不遂」，此食子之鳥，非知來之鳥，孫
氏校作「乾告（鵲）」，無據也。

2020 年 7 月 17 日初稿，7 月 19 日二稿。

「淫預石」名義考

1. 巴東江中心有淫預石，《水經注‧江水》：「白帝山城……水門之西，江中有孤石，為淫預石。冬出水二十餘丈，夏則沒，亦有裁出處矣。」《南史‧庾子輿傳》：「巴東有淫預石，高出二十許丈，及秋至，則纔如見焉。次有瞿塘大灘，行侶忌之。部伍至此，石猶不見，子輿撫心長叫，其夜五更水忽退減，安流南下。及度，水復舊。行人為之語曰：『淫預如幞本不通，瞿塘水退為庾公。』」

字亦作「淫豫」、「灩預」，俗又作「灩澦」，《初學記》卷 15 引《古今樂錄》：「晉末（宋）已（以）後，歌曲有《淫豫歌》、《楊叛兒歌》。」〔註1〕《樂府詩集》卷 86 又載梁簡文帝《淫豫歌》：「淫預大如服，瞿塘不可觸。金沙浮轉多，桂浦忌經過。」《紺珠集》卷 8 引「淫預」作「淫豫」，「服」作「幞」，又云：「淫豫，即灩預也。」《類說》卷 51 引作「灩澦」。「服」是「幞」借音字〔註2〕。唐‧李肇《國史補》卷下：「故曰灩澦大如馬，瞿塘不可下。灩澦大如牛，瞿塘不可留（流）。灩澦大如幞，瞿塘不可觸。」宋‧范成大《吳船錄》卷下引《舊圖》：「灩澦大如幞，瞿唐不可觸。灩澦大如馬，瞿唐不可下。」又云：「此俗傳『灩澦大如象，瞿唐不可上』，蓋非也。」其說是也，「馬」形誤作「象」，因改「下」作「上」，以求協韻。《事類賦注》卷 7 引《夔州圖經》：「灩預在瞿唐口，夏水迅激，至為艱難。諺曰：『灩預大如幞，瞿唐不可觸。

〔註1〕《御覽》卷 573 引「末」作「宋」，是也。
〔註2〕敦煌寫卷 P.2653《鷰子賦》：「脊上縫箇服子，髮髻亦高尺五。」《校注》：「『服子』即『幞子』，包袱。」黃征、張涌泉《敦煌變文校注》，中華書局 1997 年版，第 399 頁。

灩預大如馬，瞿唐不敢下。」《祖庭事苑》卷2：「《荊州記云》：『灩澦如馬，瞿塘莫下。灩澦如象，瞿塘莫上。』此言其險也。瞿塘，峽名。灩澦，石名也。」范成大《吳船錄》卷下：「俗云：『廬山戴帽，平地安竈。廬山繫腰，平地安橋。』此語可與『灩澦如象，瞿唐莫上。灩澦如馬，瞿唐莫下』為對。」

　　字亦作「灔預」，「灩」同「灔」。《樂府詩集》卷86載佚名《淫豫歌》：「灔預大如馬，瞿塘不可下。灔預大如牛，瞿塘不可流。」

　　2. 古韻侵、鹽相通，「淫」侵韻，「灔」鹽韻，音相轉耳。《文選·笙賦》：「汎淫汜豔，霅曄岌岌。」李善注：「汎淫汜豔，自放縱貌。」「汜豔」亦是「汎淫」轉語。《集韻》：「淫，以贍切，巴東有淫預灘，通作灔。」宋·樂史《太平寰宇記》卷148：「灩澦堆，周圍二十丈，在州西南二百步蜀江中心瞿唐峽口，冬水淺，屹然露百餘尺；夏水漲，沒數十丈，其狀如馬，舟人不敢進。又曰猶與，言舟子取途，不決水脈，故曰猶與。諺曰：『灩澦大如樸（襆）〔註3〕，瞿唐不可觸。灩澦大如馬，瞿唐不可下。灩澦如大鱉，瞿唐行舟絕。灩澦大如龜，瞿唐不可窺。』」宋·祝穆《方輿勝覽》卷57：「土人云：『灩澦大如象，瞿唐不可上。灩澦大如馬，瞿唐不可下。』峽人以此為水候。又曰舟子取途不決，名曰猶豫。」考《蜀中廣記》卷21引李膺《益州記》：「灩澦堆，夏水漲，沒數十丈，其狀如馬，舟人不敢進，故曰灩澦，又曰淫豫，言舟子取途，不決水脈，故猶預也。」《全蜀藝文志》卷3引李膺《益州記》作「……又曰猶豫，言舟子取途，不決水脈，故猶豫也」。則樂史、祝穆之說皆本於南朝梁人李膺《益州記》〔註4〕。李膺謂「灩澦」又曰「猶與（豫）」，是尚未悟二者即一音之轉也。諺云灩澦石如馬、如象、如牛、如襆、如龜、如鱉者，皆喻其石之小也。石露出水面愈小，則水流愈險急，故云不可下、不可上、不可流、不可觸、不可窺、行舟絕，言水流湍急之時不可行舟。上引《南史》記載水退石出，則水的流速減慢，故得度也。李膺又謂「猶與」取義於舟子不決水脈，猶與不進，正得其誼。字本當作「尤趎」，《說文》：「尤，淫淫，行貌。」又「趎，安行也。」《玉篇》：「尤，尤尤，行貌。」「淫」即「尤」聲訓字。宋·吳仁傑曰：「尤、猶音相近，《南史》『淫預堆』，《寰宇記》作『猶與』，言取途不決。《淮南書》云：『善用兵者，擊其猶猶，陵其與與。』此賦上文亦云『淫淫與與，前後要

〔註3〕　《太平寰宇記》據日藏宋本，中華書局1999年影印，第278頁。「樸」是「襆」形誤，《四庫》本又誤作「朴」。
〔註4〕　《南史·李膺傳》：「乃以為益州別駕，著《益州記》三卷行於世。」

遮』，其義一也。」〔註5〕「淫淫與與」見《漢書・揚雄傳》《羽獵賦》，即《淮南子・兵略篇》的「猶猶與與」音轉。劉寶楠取吳說〔註6〕。段玉裁注曰：「尤尤，各本作淫淫，今依《玉篇》、《集韻》、《類篇》正……《後漢書・盧植傳》注所引不誤……古籍內『尤豫』義同『猶豫』。巴東灩澦堆亦曰猶豫。《坤元錄》作『尤豫』，《樂府》作『淫豫』。然則尤是遲疑躊躇之兒矣。」〔註7〕段氏依《篇》、《韻》改字專輒，「淫淫」即揚雄賦之「淫淫」；段君其餘說法皆是。王國維曰：「『由裕』轉為『忱裕』，猶『猶豫』之轉為『冘（尤）豫』，轉為『淫豫』也。」〔註8〕劉盼遂本其師說，因申言之云：「『猶豫』於《說文》作『尤淫』，於《易》作『由豫』，於《禮》作『猶與』、作『猶豫』，於《楚辭》作『夷猶』、作『容與』、作『夷由』，於《後漢書》作『尤豫』，於《水經注》作『淫預』，俗亦作『灩預』字。」〔註9〕劉說除謂《說文》作「尤淫」誤外，其餘皆極為精審。字又作「猶預」、「猶予」、「由與」、「尤與」、「猶夷」等〔註10〕，茲從略。金・董解元《西廂記諸宮調》卷 1：「瞿塘灩澦人虛說，夏口誼轟旅謾誇。」董氏則誤解「灩澦」為「激灩」。鄭權中辨正「淫預」、「灩澦」曰：「『淫』有浸沒之義，與此石名實相副，當是本字。」〔註11〕其說非是。

〔註5〕 吳仁傑《兩漢刊誤補遺》卷 8，收入《叢書集成新編》第 113 冊，新文豐出版公司 1985 年印行，第 87 頁。

〔註6〕 劉寶楠《愈愚錄》卷 2，收入《續修四庫全書》第 1156 冊，上海古籍出版社 2002 年版，第 246 頁。

〔註7〕 段玉裁《說文解字注》，上海古籍出版社 1981 年版，第 228 頁。

〔註8〕 劉盼遂《觀堂學〈書〉記》，收入《劉盼遂文集》，北京師範大學出版社 2002 年版，第 297 頁。「冘」當是「尤」誤排。又見吳其昌《王觀堂先生〈尚書〉講授記》，「尤」亦誤作「冘」，收入《古史新證——王國維最後的講義》，清華大學出版社 1994 年版，第 254 頁。

〔註9〕 劉盼遂《顏氏家訓校箋》，其說又見《後漢書校箋》，並收入《劉盼遂文集》，北京師範大學出版社 2002 年版，第 246～247、144～145 頁。

〔註10〕 參見朱起鳳《辭通》卷 17，上海古籍出版社 1982 年版，第 1742～1743 頁。

〔註11〕 鄭權中《通借字萃編》第 3 章《雙聲字通借例釋》，天津古籍出版社 1990 年版，第 573 頁。

麵食「餺飥」、「餢飳」、「蝎餅」名義考

1.「餺飥」、「餢飳」非一物

《御覽》卷 860 引束皙《餅賦》「薄壯」和「餢飳」並出，《齊民要術》卷 9《餅法》有作「餢餉」法及「水引餺飥」法，敦煌寫卷 P.2880《習字雜寫》「餑餉」、「餺飥」並出，P.4909「麵麩」、「勃託」並出，S.1366「餺飥」、「餺餉（餉）」並出，《蕤呬耶經》卷 2「薄餅」、「餢餉」並出，《陀羅尼集經》卷 12「薄餅」、「餺餉」並出。「薄餅」是「餺飥餅」省稱，「薄壯」是「餺飥」別名，「餑飥」、「勃託」是「餺飥」音轉；「麵麩」是「餢飳」異體，「餢餉」、「餺餉」是「餢飳」音轉（皆詳下文），然則「餢飳」與「餺飥」自是二物。程瑤田謂「不託」、「餺飥」是「果贏」、「部婁」音轉〔註1〕，唐蘭謂「餢飳」、「麵麩」、「餢餉」又作「餺飥」、「不托」〔註2〕，朱德熙、裘錫圭認為「『餺飥』與『麵麩』當是一語之轉」〔註3〕，恐未確。

2.「餺飥」名義考

（1）「餺飥」見載於《玉篇》，晉人葛洪《肘後備急方》卷 3 引「崔知悌療久嗽熏法」已作此字。敦煌寫卷 P.2032V、P.2641、P.3302Vb、P.3930、

〔註1〕 程瑤田《果贏轉語記》，收入《續修四庫全書》第 191 冊，上海古籍出版社 2002
年版，第 521 頁。

〔註2〕 唐蘭《長沙馬王堆漢軑侯妻辛追墓出土隨葬遣策考釋》，《文史》第 10 輯，1980
年版，第 18 頁。

〔註3〕 朱德熙、裘錫圭《馬王堆一號漢墓遣策考釋補正》，《文史》第 10 輯，1980 年
版，第 66 頁。《長沙馬王堆漢墓簡帛集成》第 6 冊注釋採其說，中華書局 2014
年版，第 191～192 頁。

S.5671 作「餺飥」，P.2807、P.3490、P.2776 作「麯麧」，P.3491、S.1366 作「餺飥」，P.4909 作「勃託」，P.4906 作「沒飥」，P.2880《習字雜寫》作「餺飥」，S.3836V《類書》、P.3391《字書》並作「飯飥」，《金華子》卷下、《四時纂要・秋令》卷 4 作「飥飥」，《外臺秘要方》卷 7、《宋高僧傳》卷 17 等作「餺飥」，《集韻》作「麯麧」，《事物紀原》卷 9 稱「晉以來有不托之號」，《舊五代史・李茂貞傳》作「不托」，《武林舊事》卷 3 作「餺飥」。

（2）《倭名類聚抄》卷 16 引楊氏《漢語抄》：「餺飥，衸麵方切名也。」有注云：「博託二音，字亦作『麯麧』，見《玉篇》。」唐・李匡乂《資暇集》卷下說其名義云：「不托言舊未有刀机之時，皆掌托烹之。刀机既有，乃云不托。今俗字有餺飥，乖之。」宋人程大昌《演繁露》卷 15 申說之云：「餺飥，亦名不托。李正文（乂）《刊誤》曰：『舊未就刀鈷（鈷—砧）時，皆掌托烹之，刀鈷（鈷——砧）既具，乃云不托，言不以掌托也。俗傳餺飥字，非。』〔註4〕……則當晉之時，其謂湯餅者，皆手搏而擘置湯中煮之，未用刀几也。……則李正元（乂）所紀，信而有證也。餺飥恐古無此字，殆後人因不托聲稱之而食其旁與？」二氏所說皆望文生訓，非也。考《方言》卷 13：「餅謂之飥。」郭璞注：「飥，音毛。」〔註5〕《酉陽雜俎》卷 7 作「餅謂之托」。單言作「飥（托）」，無「不」字，又豈是「不以掌托」之義？流沙河謂「餺」是「勃」，亦即「末」，專指麵粉，餺飥就是麵餅〔註6〕。高啟安認為「餺飥」和「餲飥」「是一個外來語，均是波斯古語麵粉『PeSte』或『PiSt』

〔註4〕《緯略》卷 11 引「鈷」作「鉆」，亦「砧」誤字。

〔註5〕錢繹曰：「《眾經音義》卷 15 引《廣雅》：『餛飩，餅也。』又《北戶錄》注同。《集韻》、《類篇》引作『胿肫』。今本無此文，誤脫也。竊謂飥字即飩之訛，注音毛，乃屯之訛。」周祖謨曰：「《原本玉篇》：『飩，徒昆切。』注云：『《方言》：「餌謂之飩也。」《廣雅》：「飩，餅也。」』又《御覽》卷 860 引亦飥作飩。據是，則今本作飥者為飩之誤。注『音毛』即『音屯』之訛。」吳予天亦引《原本玉篇》以證錢說。徐時儀引《齊民要術》「餅飥」、「餺飥」及《玉篇》、《集韻》，謂「飥」字不誤，「餛飩」與「飥」不同。徐說是也。錢繹《方言箋疏》，上海古籍出版社 1984 年版，第 806 頁。周祖謨《方言校箋及通檢》，科學出版社 1956 年版，第 88 頁。吳予天《方言注商》，上海商務印書館 1933 年版，第 73 頁。徐時儀《「餺飥」和「麴麩」等古代麵食考略》，《飲食文化研究》2004 年第 2 期，第 47～48 頁；徐時儀說又見《玄應〈眾經音義〉研究》，中華書局 2005 年版，第 554～555 頁。

〔註6〕流沙河《「餺飥」名稱溯源》，收入《書魚知小》（增補本），現代出版社 2012 年版，第 79 頁。

的音譯」〔註7〕。黑維強曰：「『餺飥』是這時期（引者按：指南北朝）外民族對漢民族『湯餅』的稱呼。」〔註8〕忻麗麗曰：「『不托』也是擬『餺飥』落入水中的聲音。」〔註9〕三說皆牽強。高啟安、黑維強完全無視《方言》等文獻的記載，把自己所不理解的詞歸為外來詞，拉個波斯古語來充數，這種做法尤其危險。苟如其說，然則總名麵粉可作食品之專名乎？「餺飥」又從麥旁作「𪎭𪐀」，必是麵食。《齊民要術》卷9載「作餺飥法」云：「餺飥，挼如大指許，二寸一斷，著水盆中浸，宜以手向盆旁挼，使極薄，皆急火逐沸熟煮，非直光白可愛，亦自滑美殊常。」觀其形制，「餺飥」是薄大光滑的片皮。唐·孫光憲《北夢瑣言》卷3：「王文公食飪飥麵，不過十八片。」《宋高僧傳》卷17：「復蹈烈火手探油湯，仍餐鐵葉號為飪飥，或嚼釘線聲猶脆飴。」或以「片」作量詞，或以薄鐵葉作飪飥，亦可知其是薄大之物。

（3）「餺」的語源當是「博」，大也，「餺（勃、餺）」、「不（飪）」、「沒」、「䬪」、「䭈」皆音變的結果〔註10〕。

（4）「飥」的語源當是「托」，同「拓」，開張擴大義。《文選·西征賦》李善注引應劭《漢書注》：「拓，廣也。」《慧琳音義》卷82引《考聲》：「拓，開也，大也。」字亦作祏、袥、㡿，《廣雅》：「博、袥、衍，大也。」曹憲袥音託。《玉篇》：「袥，廣大也。」《說文繫傳》引《字書》：「袥，張衣令大也。」磧砂本《玄應音義》卷9：「開拓：古文袥、㡿二形，同。拓亦開也。《廣雅》：『拓，大也。』經文作拓字。」《集韻》：「袥，開衣令大也。」字亦作乇，張家山漢簡《引書》：「引口痛，兩手指內（入）口中，力引之；已，力張口，力張左輯（頷），有（又）力張右輯（頷），乇（吒）而勿發，此皆三而已。」「乇」即上文之「張」義。字亦作秅、秺、乇、挓、磔，《玄應音義》卷14、16、17、22、24並引《通俗文》：「張申（伸）曰磔。」《玉篇》：「乇，亦作磔，開乇也。」又「磔，張也。」《廣韻》：「乇，張乇。」《廣雅》：「磔，張也。」又「磔，開也。」張衣令大謂之袥（祏），面皮兒薄大謂之飥，其義一也。本字作庹，《說

〔註7〕高啟安《旨酒羔羊——敦煌的飲食文化》，甘肅教育出版社2007年版，第70頁。

〔註8〕黑維強《說「餺飥、餺飥兒、圪飥兒」》，《語言科學》2009年第1期，第90頁。

〔註9〕忻麗麗《「被他」考釋》，《山西大同大學學報》2011年第6期，第68頁。

〔註10〕《釋名》記齊人謂韋屨曰「不借」，又記作「搏臘」（《御覽》卷697引作「搏借」），《周禮·弁師》鄭玄注作「薄借」，此「不」、「薄」音轉之證。

文》：「庌，開張屋也，濟陰有庌縣。」〔註11〕王念孫曰：「祏之言碩大也。」〔註12〕未得其語源。朱駿聲謂「拓」訓開、廣借為庌，訓大借為碩〔註13〕，後說失之。

（5）「餺飥」的語源是「博拓」，亦即《廣雅》的「博祏」，同義連文，故又可分別單稱。《玉篇》：「餺，餅也。」《廣韻》：「餺，餺餅。」「餺」同「餺」，皆「博」改旁俗字。敦煌寫卷 S.1733、S.6064 稱作「博」，S.6452a、S.5008 稱作「飥」。《陀羅尼集經》卷 12：「次具六食盤，薄餅、餢鍮、餤頭等餅種種具備。」《蕤呬耶經》卷 2：「婆羅門餢鍮食盼茶迦食，渴闍迦食，薩闍迦食，薄餅食。」一本「餢」作「浮」。S.328《伍子胥變文》：「其魚（漁）人取得美酒一榼，魚肉五斤，薄餅十翻，飯攜一罐。」S.6217：「胡並（餅）三十，薄並（餅）四十，酒拾杓。」「薄餅」即「餺餅」。P.3745V：「虞都頭酪三斤，浮併（餅）好。」高啟安曰：「此條資料中的『浮餅』或者為『餢鍮』，或者為『薄餅』……『浮餅』讀音和『薄餅』相同，很有可能就是『薄餅』。」〔註14〕「浮餅」是「薄餅」音轉，是「餺飥餅」的省稱。又省稱作「白餅」，S.6233：「九日，出麵一升造白餅。」

（6）「餺飥」又稱作「薄壯」、「薄夜」、「薄衍」，《書鈔》卷 144 引晉人束皙《餅賦》：「吳回司方，純陽布暢。服絺飲水，隨陰而涼。此時為餅，莫若薄壯。」〔註15〕程瑤田曰：「餺飥者，以水和麵而成餅，餺飥然也，故《方言》云『餅謂之飥』。而『不托』、『餺飥』則字之轉寫異文也。李匡乂云云，是以『不』字為『不然』之『不』，而以『不托』之名專屬之切麵，不然也。《玉篇》：『餺飥，餅屬。』《廣韻》亦載『餺飥』，又皆有『麷麩，餅也』之云，《齊民要術》有『餢鍮』，蓋皆『餺飥』字之轉聲。『不』與『薄』、『搏』，古皆互通，則『不托』乃『餺飥』之通字，安得以『不然』之『不』解之耶？束皙《餅賦》有『夏宜薄壯』，恐即『薄托』字，與『暢』、『涼』為韻。蓋此

〔註11〕 參見蕭旭《張家山漢簡〈脈書〉、〈引書〉校補》，收入《群書校補（續）》，花木蘭文化出版社 2014 年版，第 190 頁。

〔註12〕 王念孫《廣雅疏證》，收入徐復主編《廣雅詁林》，江蘇古籍出版社 1992 年版，第 4 頁。

〔註13〕 朱駿聲《說文通訓定聲》，武漢市古籍書店 1983 年版，第 466 頁。

〔註14〕 高啟安《唐五代敦煌飲食文化研究》，民族出版社 2004 年版，第 128 頁。高氏誤錄作「張都頭酪三斗，餢餅好」。

〔註15〕 《事文類聚》續集卷 17、《紺珠集》卷 13 引同，《御覽》卷 860 引「絺」誤作「絺」，餘同。

一字，或為『壯』，或為『夜』，或為『持』，或為『衍』，或為『扞』字，凡數易而皆無義可通。『夜』、『持』、『衍』、『扞』，韻並不協，其為譌誤無疑。而『壯』、『扞』字形尤與『托』字相似。以為『薄托』，雖不敢知其必然，然亦可存之以俟考也。」〔註16〕程氏駁李匡乂是矣，而餘說則頗有可議。「薄壯」或作「薄夜」等名，是他書異稱，非《餅賦》異文，不可以韻斷其是非。孫世揚曰：「薄壯，或作薄夜，又作薄持，又作薄衍，又作薄扞。程易疇以為此皆譌字，無義可通，正當作薄托，即不托也。案束《賦》以壯韻暢（暢）、涼，若改壯為托，則韻不協，且《演緐（繁）露》云：『湯餅，一名餺飥（即「不托」之後出字）。』而束《賦》湯餅與薄壯異事，則薄壯非不托甚明。考醫經以艾灸體曰壯，朱豐芑謂壯是灼之假借，乃知薄壯即薄灼也。今北人作薄餅，溲麵而按之，使薄如紙，反覆灼之，疑即薄壯之遺制矣。或作薄夜者，夜當讀為掖，如掖邑亦作夜邑是也。掖訓持，故又作薄持，並謂可以兩指夾特。或作薄衍者，下平曰衍，謂其曼衍也。或作薄扞者，扞即今扞麵字也。然則一物五名，皆以言其作法爾。」〔註17〕孫氏謂「壯韻暢涼」、「下平曰衍」是，餘說皆誤。《爾雅》、《說文》並云：「壯，大也。」與「衍」、「夜」義近。「薄壯」取義於博大。「薄衍」即《廣雅》的「博衍」，亦同義連文，是二漢人成語〔註18〕。《小爾雅》：「衍，廣也。」宋·歐陽修《歸田錄》卷2引束晳《餅賦》：「春饅頭，夏薄持。」〔註19〕作「薄持」者，蓋歐公惑於「不以掌托」之義，以同義字「持」易「托」。作「薄扞」者，是明清人妄改〔註20〕，不可據為典要。蓋「衍」音誤作「衍」或「飣」，又改作「扞」耳。《初學記》卷26、《北戶錄》卷2引《餅賦》作「薄夜」者，以異稱易之耳，非其原文。《初學記》卷26引荀氏《四時列饌傳》：「春祠有曼頭餅，夏祠以薄夜代曼頭。」《御覽》卷860引荀氏《四時列饌注》：「夏祠以薄液代曼頭。」亦作「薄

〔註16〕程瑤田《九穀考·麥》，收入《程瑤田全集》第3冊，黃山書社2008年版，第54～55頁。

〔註17〕孫世揚《束廣微〈餅賦〉釋名》，《制言》第9期，1936年版。

〔註18〕《楚辭》王逸《遠遊》：「音樂博衍，無終極兮。」《白虎通義·號》：「清妙高遠，優遊博衍。」《後漢書·安帝紀》永初二年詔曰：「博衍幽隱。」

〔註19〕《紺珠集》卷11、《記纂淵海》卷90、《甕牖閒評》卷6、《六帖補》卷16、《示兒編》卷23引《邇齋閒覽》引同。

〔註20〕「薄扞」見方以智《通雅》卷39引陳無功所載，收入《方以智全書》第1冊，上海古籍出版社1988年版，第1183頁。陳懋仁，明代人，字無功，嘉興人，見《浙江通志》卷179。

夜（液）」。《酉陽雜俎》卷 7 有「薄演法」，亦其音變。《歸田錄》卷 2 云：「薄
持，荀氏又謂之薄夜，亦莫知何物也。」歐公雖然博物，而於小學則疏矣。
《書鈔》卷 144 引傅玄《七謨》：「乃有三牲之和羹，蒸賓之時麵，忽遊水而
清引，進飛羽之薄衍。」「夜」、「衍」余母雙聲，又或是「拓」字的疊韻音轉，
存以待考。《北户錄》卷 2 且云「薄夜餅，用鷄臛」，鷄臛即鷄肉羹，當指作
薄夜餅用鷄肉羹混合於其中〔註21〕。

3.「餢飳」名義考

（1）「餢飳」亦作「麮麩」，《玉篇》、敦煌寫卷 P.3693V《箋注本切韻》
並云：「麮，麮麩，餅也。」P.2011 王仁昫《刊謬補缺切韻》卷 3：「麮，麮
麩。」S.617《俗務要名林・飲食部》：「餢飳：上音浮，下湯苟反。膏餘：餢
飳之別名，下音叶。」〔註22〕《倭名類聚抄》卷 16 引《切韻》：「餢飳（部斗
二音，字亦作麮麩），油煎餅名也。」《慧琳音義》卷 37：「麮麩：上音浮，下
偷口反。俗字也。諸字書本無此字，顏之推《證俗音》從食作餢飳。《字鏡》
與《考聲》、祝氏《切韻》等並從麥作麮麩，音與上同。顧（顏）公云：『今
内國餢飳以油酥煮之。』案此油餅本是胡食，中國效之，微有改變，所以近
代方有此名，諸儒隨意制字，元無正體，未知孰是？胡食者即饆饠、燒餅、
胡餅、搭納等是。」音轉又作「麮麷」、「餢餼」、「浮麷」、「餺俞」、「餺餼」、
「餺飳」、「餴餼」、「乳餼」、「餺餼」，《玉篇》：「麩，麮麩。麷，同上。」又
「麮，麮麩，餅也。」敦煌寫卷 P.2880《習字雜寫》、S.1366、P.3745V、上圖
110V《習字》作「餺餼」，P.2040V 作「餺俞」，S.6452a 作「餴餼」，S.5431《開
蒙要訓》「餺餼粢料」，S.5671《諸雜字》作「餺餼」、「麮麩」，S.8649 作「餺
餼」，S.2575、S.6208 作「乳餼」。《集韻》：「麩，麮麩，餅屬，或作麷、飳。」
《廣韻》：「麩，麮麩。飳，上同。」《龍龕手鑑》：「餢餼，餅也。」又「飳、
餼：餢餼，餅也，二全（同）。」《可洪音義》卷 7：「餺飳：正作麮麩，上又
浮、餺二音，俗通呼。」《四分律行事鈔批》卷 7：「耳聞百友聲，鼻嗅浮麷

〔註21〕《集韻》、《類篇》並云：「麷，麮麷，麰皮也。」又「麮，麮麷，麰皮也。」
《駢雅》卷 3：「麮麷，麥皮也。」《正字通》：「麷，米麥皮也。麮，俗字，舊
注音夜，麮麷，麰麥皮，誤。」桂馥曰：「礦礱穀皮曰麮麷。」「麮麷」當是「暮
夜」的後出俗字，古人礱去麥穀之皮常在夜間，因稱作麮麷。「麮麷」與「薄
夜」古音雖近，而取義不同，附辨於此。桂馥《札樸》卷 9，中華書局 1992 年
版，第 388 頁。

〔註22〕《集韻》：「餘、糅，餅屬，或從米。」《書鈔》卷 89：「糅餅為穀。」

香。」向達曰：「麨䴺，大約即《齊民要術》中之『麨（引者按：《齊民要術》原書作「餲」）飳』也。」〔註23〕向氏不能肯定，猶隔於古音通借也。音轉又作「乳䴺」，《慧琳音義》卷35：「乳䴺：偷口反，以牛乳和麵酥煮油餅也。」「乳䴺」當即「酛飳」、「飿飳」，慧琳讀乳如字，釋作牛乳，非是。《牟梨曼陀羅咒經》卷1：「四椀盛蜜及種種齋食胡餅乳飳等食。」曾良曰：「『酛俞』取義於脆嫩，與『孚俞』同源。」〔註24〕曾說與「孚俞」同源，誠為卓識，但謂取義於脆嫩則誤。郜同麟駁曾說，謂「飿飳」與「酛俞」、「麨䴺」不同，而採信慧琳誤說〔註25〕。

（2）「餲飿」、「麨䴺」、「麨飿」、「餲飳」等都是「麨䵃」轉語〔註26〕，唐寒山詩《低眼鄒公妻》：「只為著破裙，喫他殘麨䵃。」舊注：「上莆口切，下郎斗切。」元人釋梵琦《天臺三聖詩集和韻》卷1和寒山詩云：「真金去砂礫，嘉饌輕麨䵃。」項楚曰：「《廣韻》：『麨，麨䴺，餅。』又『䵃，䵃䵃，糫餅。』」〔註27〕徐時儀說同〔註28〕。「䵃䵃」雖亦餅屬，而得名於「纏縷」〔註29〕，與「麨䵃」取義不同，不是一物，二氏引《廣韻》「䵃䵃」，非是。《周禮・天官・醯人》賈公彥疏：「以酒酏為餅，若今起膠餅。」姜宸英曰：「起膠猶今言發膠。」〔註30〕《正字通》：「餲飳，起麵也，發酵使麵輕高浮起，炊之為餅。賈公彥以酏食為起膠餅，膠即酵也。涪翁說起膠餅，今之炊餅也。」起膠猶今言發酵。《齊民要術》卷9載「作燒餅法」云「麵當令起」，「起」亦此義。《嶺表錄異》卷中：「熱水溲而團之，形如餲飳。」《清異錄》卷下引韋巨源《食賬》有「婆羅門輕高麵（籠蒸）」，或即此物；《切韻》說

〔註23〕向達《唐代長安與西域文明》，河北教育出版社2001年版，第50頁。
〔註24〕曾良《敦煌文獻字義通釋》，廈門大學出版社2001年版，第7～8頁。
〔註25〕郜同麟《敦煌文獻釋詞與辭彙溯源》，《敦煌研究》2010年第2期，第110頁。
〔註26〕《山海經・大荒南經》：「離俞。」郭璞注：「即離朱。」方以智曰：「離婁，或稱『離朱』，《山海經》作『離俞』，音近相借。」《儀禮・聘禮》：「十六斗曰籔。」鄭注：「今文籔為逾。」此「俞」、「婁」音轉之證。方以智《通雅》卷6，收入《方以智全書》第1冊，上海古籍出版社1988年版，第269頁。
〔註27〕項楚《寒山詩注》，中華書局2000年版，第120頁。
〔註28〕徐時儀《「餺飥」和「麨䴺」等古代麵食考略》，《飲食文化研究》2004年第2期，第49頁。徐時儀說又見《玄應〈眾經音義〉研究》，中華書局2005年版，第559頁。
〔註29〕參見蕭旭《〈方言〉「鈴」字疏證》，收入《群書校補（續）》，花木蘭文化出版社2014年版，第1829～1838頁。
〔註30〕姜宸英《湛園札記》卷1，收入《四庫全書》第859冊，臺灣商務印書館1986年初版，第584頁。

餢飳是油煎餅名，慧琳說餢飳是油餅，《說郛》卷 32 引唐人皇甫牧《三水小牘》：「某庖人也，乃令溲，煎油作麭麩者，移時不成。」確然是煎油作者。是「餢飳」乃圓形高起之食物〔註31〕。《齊民要術》卷 9 載作「餢餾」法云：「盤水中浸劑，於漆盤背上水作者省脂，亦得十日輭，然久停則堅。乾劑於腕上手挽作，勿著勃。入脂浮出，即急翻，以杖周正之，但任其起，勿刺令穿。熟乃出之，一面白，一面赤，輪緣亦赤，輭而可愛，久停亦不堅。若待熟始翻，杖刺作孔者，洩其潤氣，堅硬不好。法須甕盛，濕布蓋口，則常有潤澤，甚佳。任意所便，滑而且美。」言其有「輪緣」，確然是圓形食品。圓形高起之冢或小阜、小丘稱作「部婁」、「培塿」、「嶓嶁」，圓形高起之瓦甖稱作「瓿甄」、「部婁」、「瓿瓵」，其義一也。《方言》卷 5：「瓿甄，甖也。」又「缶謂之瓿瓵。」又卷 13：「冢，秦晉之閒謂之墳，或謂之培，或謂之瑜，自關而東謂之丘，小者謂之塿。」郭璞注：「培，音部。瑜，音臾。培塿，亦堆高之貌。」王念孫曰：「培、塿、瑜，聲之轉。」〔註32〕P.2011 王仁昫《刊謬補缺切韻》卷 3：「瓿，瓿甄，甖。」又「嶓，嶓嶁。」《慧琳音義》卷 86：「培塿：《方言》：『培塿，自昌也。』或從山作嶓嶁，小山子也，蟻封也。《古今正字》二字並從土。」又卷 99：「嶓嶁：或從土作培塿。」張家山 247 號漢墓竹簡遣冊 23：「漿部婁一。」又遣冊 24：「著（藸）部婁一。」又遣冊 40：「沐部婁一。」劉釗讀為「瓿甄」，指小甖〔註33〕。鳳凰山 8 號漢墓遣冊簡 169：「口漿瓶。」鳳凰山 167 號漢墓遣冊簡 40：「漿甖二枚。」正作「甖」、「瓶」。尤為確證。字亦作「部塿」，《集韻》：「塿，一曰部塿，小阜，通作婁。」音轉又作「附婁」、「附塿」、「苻婁」、「付婁」、「符瘣」，《說文》：「附，附婁，小土山也。《春秋傳》曰：『附婁無松柏。』」今《左傳・襄公二十四年》作「部婁」，《釋文》：「婁，本或作塿。」杜預注：「部婁，小阜。」《淮南子・原道篇》高誘注引作「嶓嶁」，《玉篇殘卷》「附」字條引作「附塿」。《風俗通義・山澤》、《文選・魏都賦》李善注引作「培塿」，《世說新語・

〔註31〕 《法華經玄贊要集》卷 14：「次有林藤生，亦名林條，由（猶）如麩子，其味香美。」此說「麩子」是長條形，與「麭麩」當非一物。《瑜伽論記》卷 1 云：「林條者，其形如蕨。」「麩」的語源是「柱」，「蕨」的語源是「橛」，橛亦短柱之稱。以其是可以作食物的藤條，故製專字作「麩」或「蕨」。

〔註32〕 王念孫《廣雅疏證》，收入徐復主編《廣雅詁林》，江蘇古籍出版社 1992 年版，第 778 頁。

〔註33〕 劉釗《〈張家山漢墓竹簡〉釋文注釋商榷（一）》，《古籍整理研究學刊》2005 年第 3 期，第 4 頁。

方正》劉孝標注引杜預注作「培塿，小阜。」《風俗通》又解云：「言其卑小。部者，阜之類也。今齊魯之間，田中少高卭，名之為部矣。」《御覽》卷56引二「部」字作「培塿」。《集韻》：「培，《博雅》：『培塿，冢也。』或作峌、垺、附。」《爾雅》：「瘣木苻婁。」郭璞注：「謂木病尫傴瘻腫無枝條。」馬王堆一號墓遣冊簡225～229、三號墓遣冊簡270～273有器物「付蔞」，唐蘭及整理者指出即「瓿甌」，又指出鳳凰山168號墓遣冊簡64的「苻痩」亦同〔註34〕，甚確。字亦作「苻蔞」、「縛蔞」、「無慮」，地名，皆取高土為義。《逸周書・王會解》：「伊尹受命，於是為四方令曰：臣請正東符蔞……」《呂氏春秋・恃君》：「縛蔞、陽禺、驩兜之國多無君。」《漢書・地理志》遼東郡有「無慮縣」。又音轉作「瓿甊」，《史記・滑稽傳》作「甌窶滿篝，汙邪滿車」，《索隱》：「甌窶，猶杯樓也。」《正義》：「甌樓，謂高地狹小之區，得滿篝籠也。」又音轉作「瓿瓵」、「甌瓵」、「甌臾」、「隅隈」、「隅窏」，《爾雅》：「甌瓵謂之瓵。」郭璞注：「瓿甊，小罌。」《說文》：「瓵，甌〔甊〕，器也。」王筠曰：「《荀子・大略篇》：『流丸止於甌臾。』此雖指謂地之污下者，然與『甌甊』聲同，則義亦相似。」朱駿聲曰：「《荀子・大略》『流丸止于甌臾』，以『臾』為之。」錢坫曰：「《繫傳》作『甌甊，器也』，《荀子》『流丸止於甌臾』是此字。」戚學標曰：「《荀子》『流丸止於甌臾。』臾、甊古通。」〔註35〕《廣韻》：「隅，隅隈，不安。」高危則不安也。《集韻》：「隅，隅窏，深下貌。」「甌臾」指地面窊下，「甌窶」指高地狹小。窊下與高起，義相反而實相承，自上視之則為窊下，自下視之則為高起也。其語源義都是圓形或半圓形。又音轉作「摳揄」，《方言》卷6：「摳揄，旋也。秦晉凡物樹稼早成熟謂之旋，燕齊之間謂之摳揄。」又音轉作「劃劆」、「斳斳」，《廣雅》：「劃，劆也。」又「劃、劆，剗也。」《玉篇》：「劆，劃也。」P.2011王仁昫《刊謬補缺切韻》：「劆，劃劆，足筋，又剗刻。」《廣韻》：「劃，劃劆。」又「劃，剗裹。」又「劆，劃劆，足筋，又刀剗物。」〔註36〕《龍龕手鑑》：

〔註34〕唐蘭《長沙馬王堆漢軑侯妻辛追墓出土隨葬遣策考釋》，《文史》第10輯，1980年版，第41頁。《長沙馬王堆漢墓簡帛集成》第6冊引原整理者說，中華書局2014年版，第206、253頁。

〔註35〕王筠《說文解字句讀》，朱駿聲《說文通訓定聲》，錢坫《說文解字斠詮》，戚學標《說文補考》，並收入丁福保《說文解字詁林》，中華書局1988年版，第12444頁。

〔註36〕此從《鉅宋廣韻》作「足筋」，《五音集韻》同。《集韻》：「劻，足劻謂之劻。」「劻」同「劃」。覆宋本、覆元泰定本、至正南山書院刊本、澤存堂本、巾箱本、

「剾劍，刀開物剚裏也。」「剾劍」指以刀剚物使之中空，亦取圓義。又訓足筋者，指足筋暴出貌，因以取名也。《集韻》：「斸，斷斸，偃鉏也。」又「斸，斷斸，偃鉏。」朝鮮本《龍龕手鑑》：「斸，斸斸，偃鉏也。」「斷斸」是「剾劍」的分別字，蓋用以挖土使之中空，故用作鉏名。又音轉作「孚俞」、「孚瑜」、「孚愉」、「敷蕍」、「敷愉」、「敷蕍」、「蘆荺」、「蘆藕」、「怘愉」、「舒輸」、「呴俞」、「呴愉」、「嘔喻」、「孚尹」、「孚筠」、「琈筍」、「扶尹」等形，狀光澤、光彩之突出鮮明、情意之愉悅也〔註37〕。音轉又作「釪鏂」、「錇鏂」、「鏂鈷」、「鏂鍒」，《廣雅》：「鉦鍜謂之鏂鈷。」《御覽》卷 356 引作「鏂鍒」。考《說文》：「鉦，鉦鍜，頸鎧也。」「鎧」是圓形高起之物，故稱作「鏂鈷」也。《玉篇》：「釪，釪鏂，簸飾也。」又「鏂，釪鏂也。」S.5514《雜集時用要字》：「釪：步侯。鏂：烏侯。」P.2011 王仁昫《刊謬補缺切韻》卷 1：「鏂，釪鏂，丁（釘）。又鏂鈷。」又「釪，釪鏂（鏂）。」又「鈷，鏂鈷，所以鉗頸。」「鏂」是「鏂」誤書，「鏂鈷」即「傴窶」音轉。《廣韻》：「釪，釪鏂，大釘。」《集韻》：「鏂，門鋪謂之鏂鈷。」《營造法式》卷 2 引《義訓》：「門飾金謂之鋪，鋪謂之鏂。」注：「鏂，音歐，今俗謂之浮漚釘也。」〔註38〕《集韻》：「釪、錇：釪鏂，大釘，或作錇。」又「錇，錇鏂，釘名。」考《御覽》卷 188 引《通俗文》：「門扇飾謂之鋪首。」「釪（錇）鏂」、「鏂鈷」指「鋪首」，即門鐶，大銅釘。又考《類聚》卷 74 引《風俗通》：「門戶鋪首。謹按《百家書》云：『公輸班之水，見蠡曰：見汝形，蠡適出頭，般以足畫圖之。蠡引閉其戶，終不可得開。般遂施之門戶云：人閉藏如是，固周密矣。』」是「鋪首」取象於蠡，是圓形高起之物，故稱作「釪（錇）鏂」矣。黃生即指出：「今門上排立而突起者，公輸班所飾之蠡也。」〔註39〕其訓簸飾者，指簸上鎖具。胡吉宣謂「釪鏂」、「鏂鈷」取義於「附著」〔註40〕，非是。音轉又作「浮漚」、「涪漚」、「浮鷗」，《廣韻》：「漚，浮漚。」《集韻》：

　　　四部叢刊本、林尹校訂本作「足節」，蓋形之誤；《龍龕手鑑》又誤作「足刲」。
〔註37〕參見程瑤田《果臝轉語記》，收入《續修四庫全書》第 191 冊，上海古籍出版
　　　社 2002 年版，第 518～520 頁；又參見蕭旭《〈家語〉校補》，收入《群書校補
　　　（續）》，花木蘭文化出版社 2014 年版，第 486～488 頁。其詞義引申之理，
　　　可參看殷孟倫《〈果臝轉語記〉疏證敘說》，收入《子雲鄉人類稿》，齊魯書社
　　　1985 年版，第 265～266 頁。
〔註38〕《演繁露》卷 6 引同。
〔註39〕黃生《字詁》，黃承吉《字詁義府合按》，中華書局 1954 年版，第 11～12 頁。
〔註40〕胡吉宣《玉篇校釋》，上海古籍出版社 1989 年版，第 3352 頁。

「涪，涪漚，水泡。」《外臺秘要方》卷 30：「浮漚疔，其狀如浮漚，瘡體曲圓。」《通典》卷 144：「銅拔亦謂之銅盤，出西戎及南蠻，其圓數寸，隱起如浮漚，貫之以韋，相擊以和樂也。」唐・陸龜蒙《和重題後池》：「曉煙清露暗相和，浴鴈浮鷗意緒多。」《六書故》卷 6：「泡，浮漚也。」又卷 19：「鷗，古單作漚。或曰：以其浮游水上，狀似浮漚，因以名之。」音轉又作「餎饇」，《廣韻》：「餎，餎饇曰食。」《集韻》：「餎，餎饇，食臼。」《字彙》：「餎，餎饇，飽食也。」「餎饇」取高起為義，訓飽食當是。《通雅・卷首一》：「大釘曰鉘鎘，似泡，又籔飾也。餎饇，飽食也。」音轉又作「艒艛」，《廣雅》：「艒艛，舟也。」「艒艛」是「培塿」音轉，指船頭滾圓的大舟，與「舶艫」、「艕艫」取義相同。王念孫曰：「艒，浮之轉聲也。艛蓋即《史記》所謂樓船也。」[註41] 其說即樓船未得。音轉又作「杯樓」、「抔摟」，《史記・滑稽傳》：「甌窶滿篝。」《索隱》：「甌窶，猶杯樓也。」《集韻》：「窶：　窶，猶抔摟也。」《左傳・襄公十四年》：「莒公子務婁。」《集韻》：「務，務婁，邑名。」《說文》：「婁，一曰婁務也。」《繫傳》：「務婁愚，故從女。」「務婁」、「婁務」亦其音轉。

（3）敦煌寫卷 P.3693V《箋注本切韻》：「麩，麴麩，他后反，三，今作此餎、餰。」指「麩」或作「餎」、「餰」。P.2011 王仁昫《刊謬補缺切韻》卷 3、P.3693V《箋注本切韻》並云：「犔，犃犔。」《廣韻》：「犃，犃犔，偏高也。」又「犔，犃犔。」《集韻》：「劻，劻勆，用力。」又「勆，劻勆，用力貌。」「犃犔」、「劻勆」與「麴餎」同源，皆「培塿」音轉，取高起為義。附識於此。

（4）《廣雅》：「籽粎、粗，黐也。」《御覽》卷 853 引作「浮粎，粗也」，「粗」是「粗」形譌。《玉篇》：「粎，籽粎，粗，黐也。」敦煌寫卷 S.617《俗務要名林・飲食部》：「籽粎，以餹黐為團也，上樵于，下流。」P.2011 王仁昫《刊謬補缺切韻》卷 1：「籽，籽粎，黐。」《廣韻》：「籽，籽粎。」《篆隸萬象名義》卷 15：「粎，籽〔粎〕也，黐。」王念孫曰：「籽粎之言浮流，粗之言疏，皆分散之貌也。《北戶錄》注引《證俗音》云：『令（今）江南呼黐飳，已煎米，以糖餅之者為籽粎也。』」[註42] 所引《北戶錄》見卷 2，有注

〔註41〕王念孫《廣雅疏證》，收入徐復主編《廣雅詁林》，江蘇古籍出版社 1998 年版，第 798 頁。
〔註42〕王念孫《廣雅疏證》，王樹枏《廣雅補疏》，並收入徐復主編《廣雅詁林》，江蘇古籍出版社 1992 年版，第 622 頁。《北戶錄》注原文「令」作「今」。《證俗

音云：「音浮流。」王樹枏曰：「籵粫即饋餾之轉音。籵粫、饋餾者，皆象蒸勃發散之誼。」胡吉宣據《慧琳音義》卷58所引，謂「粣」是「粥」誤〔註43〕，非是，《酉陽雜俎》卷7云「格粣、籵粫，籲也」，亦作「粣」字。又考《廣雅》：「粥、籵、麇，饘也。」《玉篇》：「籵，糫也。」「糫」同「饘」，指薄粥。《玄應音義》卷15：「籵餾：（下）又作粫，音浮留。《廣雅》：『籵餾、粣，籲也。』今謂薄粥也。」《慧琳音義》卷58轉錄「粣」作「粥」。此為《十誦律》卷19《音義》，大正藏本作「婦即去扶起將來入舍，疾作籵餾粥，與已得醒」，元、明本作「籵粫粥」。《集韻》：「籵，《博雅》：『籵粫，籲也。』一曰鬻也。」陳本《書鈔》卷147「籵粫」條引《韻學集成》：「籵音浮。籵，籲也。乂（又）糫（糫）粥。粫音流，亦作餾。」〔註44〕「籵粫（餾）」從米製字，其義有二說，一指粣、籲，即以餳和米製成的米團，其語源義是「培塿」；又指糫（饘），即薄米粥，其語源義如王念孫說，是「浮流」，然王氏以疏《廣雅》，則非是也。異物同名，而取義不同，附辨於此。《方言》卷11：「蜉蟓，秦晉之閒謂之蝶螢。」P.2011王仁昫《刊謬補缺切韻》卷1：「蟓，蜉蟓。」「蜉蟓」又作「蜉蝣」，音轉又作「蜉蟉」，《埤雅》卷11謂其語源是「浮游」，是也，亦「浮流」音轉。

4. 麵食「蝎餅」名義考

《釋名》：「蒸餅、湯餅、蝎餅、髓餅、金餅、索餅之屬，皆隨形而名之也。」字亦作餲，敦煌寫卷P.2011王仁昫《刊謬補缺切韻》卷4、《廣韻》並云：「餲，餅名。」字亦作顝，蔣斧印本《唐韻殘卷》：「餲，餅〔名〕。」又「顝，餅〔名〕。」〔註45〕《御覽》卷860引盧諶《祭法》：「四時祠用曼頭、餲餅、體（髓）〔餅〕、牢九（丸）。」〔註46〕源順《倭名類聚抄》卷16：

音》為張推撰，《新唐書·藝文志》云「張推《證俗音》三卷」。任大椿誤作「顏之推《證俗音》」，顧震福承其誤。顏之推所作乃《證俗音字略》。任大椿《小學鉤沈》卷16，顧震福《小學鉤沈續編》卷5，並收入《續修四庫全書》第201冊，上海古籍出版社2002年版，第727、793頁。

〔註43〕胡吉宣《玉篇校釋》，上海古籍出版社1989年版，第2996頁。「粣」同「粥」。徐時儀未斷「粣」、「粥」正誤，又誤點作「籵餾，粣籲也」，《一切經音義三種校本合刊》，上海古籍出版社2008年版，第320、1538頁。

〔註44〕孔本《書鈔》但出其目，無注文，存其舊。《韻學集成》13卷，明人章黼撰，此顯係陳氏妄補，非《書鈔》原文。

〔註45〕《唐韻殘卷》「餅」下恰好殘缺，茲據《切韻》、《廣韻》補「名」字。

〔註46〕四庫本《御覽》「體」作「髓餅」，《初學記》卷26引作「餳餅、髓餅、牢丸」，

「餲餅：《四聲字苑》：『餲（注：音與蝎同，俗云餲餬。今按：餬，寄食也，為餅名，未詳。）餅名，煎麵作蝎蟲形也。』」「餬」指餬餅（胡餅），非取寄食為義〔註47〕。「餲餅」即「蝎餅」，「餲」當是「蝎」後出俗字，音胡葛反，與《說文》「餲，飯餲也」指食物腐敗穢臭的「餲」（烏芥反）是同形異字，音義全別。「蝎」又是「戳（截）」疊韻音轉字。源順皆望文生義。繆啟愉曰：「所謂『蝎子』也不過是一種先作成扁長形的『索餅』然後截成頭大尾小像蠍子形的油煎餶子，即所謂『因形而之』。」〔註48〕高啟安曰：「『鐵餅』應當就是『蝎餅』之異寫，音同而字異也，其得名可能來自於其形如蝎之狀。」〔註49〕二氏之說誤同源順。《北戶錄》卷2：「百支糫，截餅黃，萬柏散。」龜圖註：「餤。《急就篇》：『飴餳（餳）』《說文》曰：『熬稻餦餭也。』《廣雅》：『粰粔，餤也。』《證俗音》云：『今江南呼餤飴，已煎米，以糖餅之者為粰粔。』音浮流。」俗字亦作餤，《玉篇》、《廣韻》並云：「餤，食也。」字又作餤，《集韻》：「餤，食也。」敦煌寫卷P.2880《習字雜寫》有「鈔餅、鐵餅、餺子、餢餲餅、飳餾餅、餬餅」的記載，又有「䭔餅、胡併（餅）、餑餫、鈔餅、鐵併（餅）、餺併（餅）、奭併（餅）、餢餲、鉤飳饐」的記載。P.2744《食物帳》：「有鐵併（餅）小食子兩枚，餢頭子兩枚。」S.1366：「鐵並（餅）二佰五十枚。」S.5671《諸雜字》有「鐵餅、餢餲」。又稱作「鐵餶」，P.2578《開蒙要訓》：「鐵餶餵餤。」上圖110V《習字》：「餢頭……沙鉼（餅）、鐵餶、鏞餵。」餶之言餭、膌，《說文》：「餭，焦也。」《集韻》：「膌，脆也。」《齊民要術》卷9：「截餅純用乳溲者，入口即碎，脆如凌雪。」《四分比丘尼鈔》卷3：「或食餲糖、清飯漿等如是之類。」「截餅」蓋謂用乳加糖溲麵，用指或刀截取麵粉團而煎製的餅，有各種形狀，其物焦脆。《釋名》所謂「隨

《事文類聚》續集卷17引作「餲餅、餢餅、牢九（丸）」。「餶」是「髓」形誤，「餲」是「餲」形誤，「九」是「丸」形誤。「餢」是「髓」俗字。《齊民要術》卷9載「髓餅法」云：「以髓脂蜜合和麵，厚四五分，廣六七寸，便著胡餅鑪中令熟，勿令反覆，餅肥美，可經久。」《御覽》卷860引《雜五行書》：「十月亥日食餅，令人無病，食經有髓餅法，以髓脂合和麵。」

〔註47〕《釋名》：「胡餅，作之大漫沍也，亦言以胡麻著上也。」「胡餅」當取前說「漫沍」為義。「漫沍」又作「糢糊」、「漫胡」、「漫糊」、「緱胡」、「萠胡」、「鏝胡」、「曼胡」，是「模糊」、「模糊」音轉。參見蕭旭《敦煌寫卷〈碎金〉補箋》，收入《群書校補》，廣陵書社2011年版，第1323頁。

〔註48〕繆啟愉《齊民要術校釋》，農業出版社1998年版，第638頁。

〔註49〕高啟安《唐五代敦煌飲食文化研究》，民族出版社2004年版，第130～131頁。

形而名之」者，指隨麵劑之形而名之，非謂餅形象蝎蟲之形也。截之言絕，用手指或刀製成小劑子。這種製作方法，其俗字亦寫作剿（從刀）、劷（從力）、掔、掫，《廣韻》、《龍龕手鏡》並云：「劷，剿斷物也。」《集韻》：「絕、剿、掔，斷也，或從刀從手。」又「剿，拽也。」《龍龕手鏡》：「掫，手掫斷也。」俄藏敦煌寫卷Φ365V《妙法蓮華經講經文》：「不問高低皆與喫，好生掫劑也唱將來。」元人佚名撰《居家必用事類全集》庚集《飲食類・濕麵食品》載製作「餛飩皮」的方法云：「白麵一斤……搜和如餅劑，停一時，再搜，掫為小劑。」〔註50〕《飲膳正要》卷1《聚珍異饌》載有「雞頭粉掫麵」的方法〔註51〕。清・李調元《雨村詞話》卷2：「蔣竹山捷《秋夜雨詞》有句云：『漫細把寒花輕掫。』掫字字書不載，意即擲字也。」李氏失考也。上引「餤餬（頭）」者，亦作「麴頭」、「捻頭」，《玉篇》：「麴，麴頭也。」《集韻》：「餤、麴：餅也，或從麥。」〔註52〕《太平廣記》卷399引《稽神錄》：「其地成井，深不可測，以絲纆縋石以測之，數十丈乃及底，黏一新捻頭而上，與人間常食者無少異也。」〔註53〕《北夢瑣言》卷4：「崔鉉好食新餤頭。」《類說》卷43引作「捻頭」。《陀羅尼集經》卷12：「薄餅、餢餬、餤頭等餅種種具備。」《本草綱目》卷25：「捻頭，捻其頭也。」「麴（撚、餤）頭」的製作方法是以指捻，與「截餅」的命名緣由一致，可以比附。

〔註50〕《居家必用事類全集》，明隆慶二年飛來山人刻本。

〔註51〕《飲膳正要》，天曆三年刻本。

〔註52〕《集韻》據南宋初明州刻本、寧波明州述古堂影宋鈔本、金州軍刻本、潭州宋刻本、四部備要本，日本天保九年重刊顧廣圻補刻本、錢恂藏揚州使院本、曹氏棟亭本、四庫本「餅」誤作「餅」。《類篇》、《五音集韻》亦作「餅」。

〔註53〕今本《稽神錄》卷1誤作「饅頭」。

「伎倆」再探源

1. 中古語詞「伎倆」，又寫作「伎兩」、「伎量」、「技兩」、「技倆」、「技摛」、「技量」。張小豔考其語源，她的主要觀點是：

「伎倆」本當作「技量」或「伎量」，是一個偏正複詞，指技能、本領，形容人在技藝方面有一定的「量」，其構詞表意與「智量」、「器量」、「局量」、「識量」、「氣量」、「意量」等相同。「技」為本字，「伎」為借字。《說文》：「技，巧也。」其字作「伎」在唐五代時期已極通行。疑「兩／倆」當為「量」的音借字，「伎兩」或「伎倆」皆當作「伎量」，亦即「技量」。詞義上，「量」可指容量、限度。「技量」、「伎量」本當讀 jìliàng，因借「兩」作「量」後，人們按借字的讀音念，遂改讀為 jìliǎng〔註1〕。

張君說「技」為本字，是也。《說文》：「巧，技也。」二字互相為訓。張說「技」借為「伎」在唐五代時期已極通行，其實在秦漢文獻中，已多借「伎」為「技」（例證極多，無煩舉證），不是唐五代才產生。張君其他說法，余則有疑焉。

2. 我的看法是：

P.2717《碎金》：「人伎倆：音忌兩。」S.2071《切韻箋注》：「倆，良獎反，伎倆。」《集韻》：「倆，里養切，伎倆，巧也。」〔註2〕「量」仍當讀 liǎng（里

〔註 1〕 張小豔《「伎倆」探源》，《歷史語言學研究》第 12 輯，商務印書館 2018 年版，第 65～71 頁；又發佈於復旦大學出土文獻與古文字研究中心網站 2019 年 10 月 11 日。

〔註 2〕 《集韻》釋文，潭州宋刻本、南宋初明州刻本、金州軍刻本、明州述古堂影宋鈔本作「伎倆，功也」，曹氏棟亭本、錢恂藏揚州使院本、顧廣圻補刻本作「伐倆，功也」。「伐」是「伎」形誤，「功」是「巧」形誤。

養切）。「兩（倆）」與「量」皆「良」借字（無煩舉證）。「良」、「能」一聲之轉。「伎倆」是「技（伎）能」轉語，並列複合詞。

　　《說文》：「良，善也。」《論衡・別通》：「醫能治一病謂之巧，能治百病謂之良。」良亦巧善也。《呂氏春秋・簡選》：「晉文公造五兩之士五乘，銳卒千人，先以接敵。」高誘注：「兩，技也，五技之人。」兩讀為良，善也，能也。「五兩」謂五種技能也。范耕研謂「兩」即今「技倆」〔註3〕。馮振亦謂「兩」即今「伎倆」，「伎」與「技」通，謂多能多藝也〔註4〕。譚戒甫謂「伎能」音轉為「伎兩（倆）」，引《集韻》「伎倆，巧也」〔註5〕。金其源亦引《集韻》，謂「五兩即五技，亦即五兵」〔註6〕。孟蓬生曰：「《左傳・昭公十八年》：『吾身泯焉，弗良及也。』孔穎達疏引服虔云：『弗良及者，量力而動不敢越限也，不能及也。良，能也。』《春秋繁露・精華》：『功未良成而志已滿矣。』……『良』訓『能』，實即『能』字之借。『良』之於『能』，猶『竜』之於『能』也。」〔註7〕

　　「技能」見《管子・形勢解》、《國蓄》及《韓子・功名》、《淮南子・兵略篇》，「伎能」見《淮南子・道應篇》、《主術篇》、《繆稱篇》，《史記》「伎能」凡五見；《治要》卷40引《韓子》「技能」作「伎能」，《御覽》卷360引《淮南子・繆稱》「伎能」作「技能」。「技（伎）能」在中古漢語聲轉作「伎倆」耳。

〔註3〕范耕研《呂氏春秋補注》，《江蘇省立國學圖書館第六年刊》，1933年版，第59頁。

〔註4〕馮振《呂氏春秋高注訂補（續）》，《學術世界》第1卷第8期，1935年版，第34頁。

〔註5〕譚戒甫《校呂遺誼》，國立武漢大學《文哲季刊》第3卷第1期，1933年版，第196頁。

〔註6〕金其源《讀書管見・呂氏春秋》，（上海）商務印書館1957年初版，第367頁。范、譚、金三說，陳奇猷《校釋》、王利器《注疏》皆引之，但陳、王二氏漏引馮振說。陳奇猷《呂氏春秋新校釋》，上海古籍出版社2002年版，第451～452頁。王利器《呂氏春秋注疏》，巴蜀書社2002年版，第812～813頁。

〔註7〕孟蓬生《「竜」字音釋》，《歷史語言學研究》第7輯，商務印書館2014年版，第211頁。